儲かる
フランチャイズ
ビジネスの
教科書

ここが違う! 成功する人しない人

川上健一郎
KENICHIRO KAWAKAMI

興陽館

はじめに

セブンイレブンやローソンなどのコンビニエンスストア、マクドナルド、吉野家、ＣｏＣｏ壱番屋、和民などの外食産業、ダスキン、おそうじ本舗などのハウスクリーニングサービス、能力開発、トライなどの教育産業……その他、ありとあらゆる業態がフランチャイズ（以下、ＦＣ）ビジネスとして事業展開をしています。

これらの誰もが知っているブランド名を聞いて、みなさんはどんなイメージを持ちますか？

- 知名度があるから、つい入ってしまう
- どこへ行っても同じサービスが受けられるから安心
- ブランド名に信頼感がある

もしかしたら、

- 画一的で店としての個性がない
- 決まり切ったサービスで融通がきかない

などという、マイナスイメージを持つ人もいるかもしれません。

ＦＣビジネスとは、フランチャイザー（本部事業者）がフランチャイジー（加盟事業者・加盟店）に、

①商標、トレードマーク、サービスマークなどのシンボル

②生産・仕入れ・加工・販売・サービス・営業などのノウハウ

③経営に必要な人事・マーケティングなどのサポート

を使用してビジネス展開する権利を提供し、フランチャイジーはその対価として契約金やロイヤリティを支払うことで成立する事業形態を言います。

こんな難しい定義をしなくても、まわりを見まわせば、私たちはフランチャイズ展開をするサービスに囲まれて生活していることがわかります。ＦＣチェーンなしには私たちの生活は立ちいかないほど、いまや社会の一部として浸透しているのです。

しかし、ＦＣチェーン店を当たり前に利用し、カスタマーの立場として冒頭にあげたようなイメージを持っていても、実際にＦＣビジネスのことを理解している人は意外に少ないかもしれません。

たとえば独立起業しようと考えたとき、正しい知識でＦＣビジネスを捉えて、選択肢の中に入れる人はどのくらいいるでしょうか。

私は、ＦＣビジネス専門の経営コンサルタントとして、長年ＦＣ本部の立ち上げや経営に関わるとともに、独立起業を志す人たちにＦＣビジネスを指南して、経営者としての成功をサポートしてきました。

その間にＦＣビジネスは大きく市場規模を伸ばし、２０１４年のデータでは、日本フランチャイズチェーン協会に加入している本部は、１３２１社を数えるほどになりました。無加入の小規模な本部を入れると、おそらく４０００～５０００社はあると思われます。協会全体の総売上高は２０００年代に入っても毎年、右肩上がりを続けています。

この本は、これからますます市場を広げていくＦＣビジネスの実際を紹介するとともに、独立起業を志す人たちがスムーズに経営者として独り立ちする道筋を作るために書き上げました。

この本を読まれて、一人でも多くの志ある経営者が、正しく安全に成功を手にすることを願ってやみません。

川上健一郎

□用語解説

本文中に頻繁に登場する専門用語について解説します。

●フランチャイザー

フランチャイズ本部、本部事業者、本部企業などと呼ばれる。商標、サービスマーク、トレードネームなど、営業の象徴となる標識を所有し、フランチャイジーに使用許諾を与える側の事業者。

●フランチャイジー

加盟店、加盟者とも呼ばれる。フランチャイザーのサービスマーク、トレードネーム、標識の使用を許諾された事業者。

●フランチャイズチェーン

同じ標識の下、同じ商品・サービスを販売して事業を行うフランチャイズ本部・加盟店で構成される事業体

●フランチャイズパッケージ

フランチャイザーが提供する「商標、チェーン名、屋号、標章の使用権」「生産、加工、

販売、その他の技術を利用する権利」「指導、訓練、援助を受ける権利」のこと。これらをフランチャイズ契約を結んだフランチャイジーが対価を支払って利用する権利を得る。

●加盟金

契約金、加盟料、イニシャル・フランチャイズ・フィーとも呼ばれる、フランチャイズ契約締結時に支払う金銭。

●ロイヤリティ

フランチャイズ契約において、フランチャイジーがフランチャイズパッケージの使用権に対してフランチャイザーに定期的に支払う対価。

●ノウハウ

店舗運営・経営の技術、商品製造方法、商品規格、スタッフの教育訓練法、情報システムなど、フランチャイザーが開発・規格化した知識・経験・技術・情報のすべて。

●スーパーバイザー

加盟店の経営指導を行う本部の従業員。本部と加盟店とをつなぐ役割を持ち、コミュニケーション、コンサルテーション、コーディネーション、コントロール、カウンセリング機能を担う。

●加盟店開発担当者

リクルーター、開発担当者とも呼ばれる。加盟希望者を募集して、契約締結までを担当する本部の従業員。

●直営店

本部が直接経営する店舗。

●業種・業態

取り扱う商品・サービスの種類で分類したものを業種。営業のスタイル、たとえばコンビニエンスストア、飲食業などを業態という。

儲かるフランチャイズビジネスの教科書
ここが違う！　成功する人しない人

●目次

第2章　フランチャイズビジネスで成功する人・しない人

第3章　どんな業種を選ぶべきか

第4章　本部選びが成功のカギ

第5章　成功するフランチャイジーはこうしている

第6章 先輩フランチャイジーに聞く、出店から成功までの道筋

第7章　フランチャイズ開業Q&A　～よくある質問に答えます

第1章

フランチャイズとは、成功モデルのパッケージを買うこと

❖最短距離で「雇われない生き方」を目指すなら、フランチャイズオーナー

誰にも指示されない、叱られない。

理不尽な上司も退屈な会議もなく、自分の時間をすべて自分の意思で管理できる自由。

使われるのではなく、人を使う立場。

成功すれば年収何千万円、もしかしたら億単位だって夢じゃない。

社長という肩書き、経営者として一目置かれ、なにより自分の裁量で事業を営み、成功に向けて道を切り開いていく充実感……。

会社勤めをしている中で、誰しも一度くらい、

「いっそ雇われの身から解放されて、起業でもしてみようか」

という考えが、ふっと脳裏をよぎることはあるでしょう。

しかし、ほとんどの人はすぐに、

「いやいや、そんな大それたこと、できるわけがない」

と心の奥底にわき起こる思いを押し戻し、日常の業務に返っていくのかもしれません。

経営者・社長と呼ばれる人は世の中にたくさんいますが、その**現実が決して甘くないこ**

とくらい、誰もがわかっています。

まわりの経営者を見るだけで、毎月の資金繰りに奔走し、同業他社との競合に神経をすり減らし、人事に頭を抱える経営者の苦労は容易に想像できます。

さらに、数字は冷酷な現実を物語っています。

一般に、起業後1年経った時点での会社存続率は40パーセントと言われています。つまり、独立開業を夢見て、せっせと資金を蓄え、戦略を練って立地を定め、物件を探し、満を持して開業の日を迎えた新人経営者のうち、６割はファーストアニバーサリーを迎えることなく、事業撤退の憂き目を見るということです。

これが5年後になると、どうでしょう。

存続率は、さらに落ちて15パーセント。

大リストラ時代を経験した日本で、多くの勤め人が一度は考える「独立開業」の夢に冷や水をあびせるような数字です。

現実を考えれば、どんなにつらい仕事であろうと、どんなに過酷な職場であろうと、勤め人という生き方は、経営者とは比べようもないくらい安全で守られた立場だとわかります。

それでも独立開業を目指す人は多くいます。

この7年、私はそんな人々をサポートする経営コンサルタントとして、一国一城の主を夢見る多くの方々から、さまざまな声を聞いてきました。

「雇われない生き方をしてみたい」

「経営者としての自分を試したい」

あるいは、もっと切実で切羽詰まった理由をあげる人もたくさんいます。

「勤め先の事業縮小で、自分が所属している支社が統合されることになった。このまま居場所のない会社にしがみつくくらいなら、退職金を利用して起業したい」

「今の会社はいわゆるブラック企業。朝から晩までノルマに追われて働きづめ、このままでは過労死してしまう。同じ苦労なら自分のための苦労をしたい」

「家族の事情で、実家に戻らなくてはならない。小さい規模でいいから、家族が一緒に働ける生き方を見つけたい」

それぞれに事情は違っても、現状を乗り越えて自分の道を切り開きたいと、第一歩を踏み出した人々が、独立開業を目指して私のもとを訪れます。彼らの決断に敬意を表し、できるだけ多くの人が成功に到達するよう、私はアドバイスを続けてきました。

その答えが、フランチャイズオーナーという生き方なのです。

旅に出るならバックパック？　それともパックツアー？

もしもまとまったお金と時間が手に入り、好きなところに旅に出ようということになったら、あなたはどんな旅を選びますか？

世界各地の港々を停泊してまわる豪華客船の旅。

憧れていた異国の街やリゾート地に腰を落ち着け、じっくりその土地を楽しむ滞在型の旅。

バックパックにテントから自炊用具まで詰め込んで、足の向くまま気の向くまま、自由気ままな放浪の旅。

思い描く旅のスタイルは趣味や好み、価値観によって千差万別でしょうが、ざっくり二つの傾向に分けることができます。

ひとつ目は、情報集めから交通・宿泊まですべて自分で手配し、アクシデントも含めて自分で作った旅を楽しみたい派。

二つ目は、面倒な準備は旅行代理店にまかせて、安心・快適に旅そのものを満喫したい派。

もちろん、どちらが正しいとは言えません。失敗も含めて全行程を味わうのも旅の醍醐《だいご》味《み》だし、知らない土地で安全に、快適に過ごしながら、その土地ならではの風景やショッピング、その他興味のあるイベントを楽しむのもまた旅の醍醐味なのですから。

しかし間違いなく言えるのは、安心・安全にその土地の魅力を味わい尽くしたいのなら、パックツアーを選ぶほうが確実ということです。

こんな例をあげるのは、**ＦＣビジネスはある意味、旅行代理店が企画するパックツアーに似た構造を持っている**からです。

パックツアーと言えば、ずっと以前は団体旅行で、旗を持ったガイドにぞろぞろついて行くお上りさんのイメージもありました。しかし最近では、旅行者の興味や趣味の多様性に応じて、多くのオプショナルツアーが用意され、担当者が現地情報を提供するなど、限りなく個人旅行に近いパックツアーも取りそろえられています。

経験と情報量と現地スタッフを擁する旅行会社では、旅を知り尽くしたスペシャリストの手によって企画された数々のツアーメニューを提示して、旅行者を募っています。旅行会社は最も効率よく現地を楽しめるルートを組み、ホテルからアクティビティまでの手配を代行してくれます。

旅行者は行き先と目的を決めたら、それらのツアーから自分の希望にあったパッケージを選び、お金を払います。あらかじめ組まれたルートなので、見知らぬ土地で危険なエリアに迷い込むこともなく、最短距離で目的地まで行き着けます。情報不足からぼったくりのレストランでトラブルに巻き込まれることも最大限避けることができます。

あとは、いかに旅を楽しむかです。それぞれ情報を仕入れて行動を決めたり、ときにはオプショナルツアーを選んだりします。

❖フランチャイズは、成功モデルのパッケージ

ＦＣビジネスも、**本部事業者が数多くの経験に基づく分析を重ねてノウハウや流通を構築し、パッケージにします**。それを本部と契約を結んだ加盟店事業者が活用し、経営者としてビジネスを展開します。

最近では、一見フランチャイズとは思えないような趣味的な業態でも、マニュアル作りに成功して加盟店を増やしている本部もあり、業態選択の幅はどんどん広まっています。

契約後も本部は、加盟店に対して多方面から継続的にバックアップを行い、加盟店は支援を受けながら自分の店舗・会社を経営していきます。

旅を楽しむ主体が旅行者であるのと同様、**経営を主体的に行うのは加盟店のオーナー**です。

もちろん、出発後も本部からのサポートは随時受けることができます。いくら危険を避けて組まれたパッケージでも、旅にイレギュラーなアクシデントがつきものなのと同じく、経営もまた、さまざまな困難に見舞われることでしょう。激動する経済の荒波に乗り出した新人経営者が、自分一人で波を乗り切るのは並大抵のことではありません。

具体的には、**本部の担当者がスーパーバイザーとしてマネージメントやマーケティング面での情報提供や助言を行い、オーナーとともに円滑な経営を目指します。**

それは、ちょうどツアーデスクが旅の間も会社に常駐して、万一のトラブルに備えたり、現地の情報を集めたりして、旅の安全な進行を支えているのと同じかもしれません。

旅行者が、自分の行きたい旅先によって旅行会社が企画したパッケージツアーを選ぶように、ＦＣビジネスは、自分のしたい業態の企業が提案するＦＣパッケージを選んで契約することから始まります。

つまり、**ＦＣビジネスは、できるだけ安全で、成功率の高いビジネスモデルのパッケージを買うこと**にほかなりません。そういう意味では、ＦＣに加盟するということは、独立する個人や新規事業を行う法人にとって、「弱者の戦略」と言えると思います。

フランチャイズビジネスとは？

フランチャイズビジネスの特長

・旅行代理店が企画するパックツアーに似ている
・本部事業者が数多くの経験に基づくノウハウや流通を構築してパッケージ化
・本部と契約を結んだ加盟店事業者が、そのパッケージを活用してビジネスを展開
・契約後も本部は加盟店に対して、継続的に多方面からバックアップ
・経営者として成功マニュアルを購入するのと同じ

フランチャイズビジネス

＝できるだけ安全で、成功率の高いビジネスモデルのパッケージを買うということ

はじめて独立開業を志す人は、
フランチャイズビジネスを選択肢に入れよう

❖成功実例でわかる、フランチャイズビジネスの可能性

フランチャイズは、20世紀初頭にアメリカで誕生した販売システムです。自社製品の流通経路や販売権を契約した加盟店に提供する方式で、コカコーラやゼネラルモータースなど、このシステムを採用してアメリカ全土に販売網を拡大したナショナルブランドが次々と成功を果たしてきました。

一般的に、世界のＦＣビジネスの草分け的に言われているのは、カーネル・サンダースが始めたケンタッキーフライドチキンではないでしょうか。

この手法はその後、大きく進化発展し、現在はフランチャイズといえば流通・販売に加え、ブランディング、経営・営業ノウハウ、人事などをパッケージとして提供するビジネス・フォーマット・フランチャイジングを指します。

日本でのＦＣビジネスの草分けは、１９６３年にアメリカからダストコントロールシステムとともにＦＣ方式を導入したダスキンと、同年にＦＣチェーン展開を始めた不二家と言われています。

以来、このビジネスモデルは右肩上がりに成長し、ＦＣシステムで事業を拡大する企業

は増え続けています。

２０１４年の段階で「日本フランチャイズチェーン協会」が把握しているＦＣ本部は１３２１件あります。加盟店が1店舗だけとか、定款にＦＣ事業が記載されているもののまだ直営店のみでＦＣ実績のないものまで入れれば、４０００～５０００件はあるはずです。

ＦＣ業界全体の経済規模は、売上で23兆円を超える規模にまできていて、もはや社会的インフラのひとつと言っていいと思います。

これほどまでにＦＣ業界が発展したのには、いくつかの理由があります。

まず、ＦＣ展開をする本部（フランチャイザー）側からすると、事業のスピード展開を可能にする点が大きな魅力です。自社の事業を拡大するとき、すべて直営方式で行えば「人・モノ・金」を全部自前で用意する必要があります。

しかし、ＦＣシステムなら、これらを用意するのは加盟店オーナーなので、本部側はノウハウの提供が中心になります。そのため、並行して多店舗で事業展開ができるのが最大のメリットです。

一方、加盟店オーナー（フランチャイジー）から見ると、たくさんの成功実例を持つフランチャイザーから、経営・営業のノウハウをそのまま提供されることがなによりのメリットです。

前述したとおり、創業した会社が5年後に存続している確率は15パーセントです。フランチャイズの場合、業態によっては、この数字が50パーセント弱にまで跳ね上がるのです。もちろん、この場合でも約半分は撤退するわけですから、決して甘い道ではありません。それでも**独立開業を志す人にとって、成功の確率が高い道であることに間違いはありません**。

とりわけ、経営経験のない会社員や個人事業者にとっては、立ち上げ、人材募集と教育、ブランディング、マーケティング・経営その他、すべてがこれまでの成功パターンから導き出されたシステムでパッケージされたフランチャイズに加盟することは、**経営者としての成功マニュアルを購入するのと同じ**意味を持ちます。

私が、独立起業を目指すみなさんにＦＣビジネスをお勧めするのはこのような理由からです。

❖フランチャイズパッケージには何が含まれる？

では、実際にＦＣパッケージには何が含まれているのでしょうか。実はこれは、ＦＣ本部によってまちまちで、一概にこれがもらえるというものではありません。

以下は、一般的なフランチャイザーが加盟契約したフランチャイジーに提供する、標準的なパッケージ内容をまとめたものです。

①商標、サービスマーク（それに付随するブランドイメージ）
②看板、店舗デザイン、従業員のユニフォーム等
③メニュー、サービス内容のノウハウ
④教育、訓練プログラム
⑤立ち上げノウハウとサポート
⑥店舗運営、商品管理、サービス等の各マニュアル
⑦経営、運営に対するサポート
⑧資材、原料の仕入れ
⑨広告、セールスプロモーション
⑩マーケティングと情報提供

FC本部は、長年、直営店にて自らが培ってきた成功事例から導き出したノウハウを、

これらのパッケージにまとめて加盟店に提供します。その結果、全国どこでも同一ブランドの店に入れば、おおむね均一化されたサービスが受けられるFCチェーン店が成り立つのです。

フランチャイズビジネスのメリットとデメリット

独立して会社を作りたい。

そう考えたとき、ほとんどの人は、まず自分で一から商売を始めることを考えるかもしれません。

しかし、ここまで述べてきたように、**はじめて独立起業を志す人に対して、私は、比較的安全で成功率の高いFCビジネスを選択肢に入れることをお勧めします**。

もちろん、FCビジネスが万能というわけではありません。どんなに優れたシステムにも必ず欠点はあります。FCでの起業を考える人も、そのメリットとデメリットを知ったうえで判断することが大切です。

あとから「こんなはずではなかった」と悔やむ前に、メリットとデメリットから見るFCビジネスの特性について、ここでまとめてみましょう。

❖フランチャイズビジネスのデメリット①　お金がかかる

どんな業態にせよ、独立開業には資金が必要です。開業資金と当座の運転資金、軌道に乗るまでの生活資金。全体の予算はどの程度かかり、そのうちの自己資金はどのくらい用意でき、いくらくらい借り入れ可能か。開業後どのくらいで黒字に転換し、利益をどれだけ見込めるか……。資金繰りは新人経営者にとって最初の試練と言えるでしょう。

フランチャイジーの場合、必要経費に加盟金とロイヤリティが加わります。その対価として、立ち上げや運営のノウハウを取得し、支援を受けるのですから、当然のことです。しかし、人によってはこれを不当に感じるかもしれません。

自分は必死で事業を運営しているのに、本部はこの程度の支援でこんなに取っていくの？　開業してしばらくすると、そんな不満を持つオーナーも出てきます。

これは、もともとの契約内容に完全に納得していないまま、ＦＣ契約を結んでしまったか、あるいは契約した本部が加盟金を得ることが主な目的で、加盟店の事業展開にあまり積極的に関与しない事業者だったかのどちらかです。

このような事態を防ぐためには、FCビジネスを考えたら**事前調査をしっかりして、いくつもの本部や加盟店をまわって話を聞き、契約書をしっかり把握してから契約することが大切**です。

本部を選ぶときのポイントについては、第4章で詳しく説明します。

❖フランチャイズビジネスのデメリット② 他店のトラブルをかぶるケースもある

FCチェーンはどの店も看板が同じなので、もし他店でトラブルがあったとき、自分の店も影響をかぶる可能性があります。

記憶に新しいところでは、ある外食チェーン店のアルバイトが、勤務中に店の施設でふざけて遊んでいるところを撮影して、それをSNSに流したことがあります。その写真はあっという間に日本中に拡散し、本人とバイト先が特定され、そこのチェーン店は多大な影響をこうむりました。そのフランチャイズ店のオーナーは契約解除という厳しい処分が本部から下されたと言います。

他店で起きたトラブルでも、異物混入や不衛生な噂は命取りになるのが食品業界です。

同じ商標の下で店を開いているFCチェーンでは思わぬ風評被害が降りかかることがあり

ます。

外食産業以外でも、たとえば介護施設や塾など、お年寄りや子どもを預けるような業態では、特に一箇所の不祥事が全体のイメージダウンにつながることがあります。

これは、ある意味不運な事故と言えるかもしれません。しかし、場合によっては本部の体質として、日頃から人材教育が徹底されていなかったり、理念が浸透していなかったりする可能性もあります。

こうした事故をできる限り避けるためには、やはり**契約するときに経営者の理念と、加盟店の様子をじっくり検証する**必要があるでしょう。

❖フランチャイズビジネスのデメリット③　本部のルールに縛られる

ＦＣチェーンが利用者から評価される理由のひとつに、

「どこの店に行っても同じレベルのサービスが受けられる」

という点があります。

たとえば、コンビニエンスストアはどこでも24時間営業です。オーナーの都合で、

「今日は夜の12時に閉めよう」

と言っても、基本的にそれはできませんよね。

人手が足りなくても、冠婚葬祭があっても、コンビニエンスストアは24時間、店を開けていなくてはなりません。

本部が決めたユニフォームを着て、本部が決めた手順でサービスを提供して、その他細々としたルールに沿って運営をします。

自分の才覚で経営をしたいと考える経営者だと、

「せっかく会社を辞めて独立したのに、今度は本部の言うままに仕事をしなくてはならないのか」

とうんざりするかもしれません。

ただ基本的に、本部は加盟店に成功してもらうため、こうした細かなルールを決め、最も効果的に業務が運営できるようにマニュアル化をしています。**画一的なマニュアルに縛られて個性的な店舗運営ができないという不満はひとたび飲み込み、できる範囲での工夫を重ねる**しかありません。

がんじがらめの会社勤めから解放されたのだから、自分の好きなように会社を運営したいと考えるか、成功の確率を少しでも上げるために、本部から与えられたノウハウを忠実に守っていくか。それは、独立開業する本人が決めることです。

フランチャイズビジネスのデメリット④　離職後一定期間は同業種で起業できない

多くの本部は、加盟店から抜けた事業者が何年かの間は同業態でのビジネスをしないように、契約で縛りをかけています。

本部事業者としては、すでに関係を切った元フランチャイジーが、自社の編み出したノウハウを使って競合されたら大損害なので、やむを得ないことだと考えます。

実はこの契約は、労働法での「**競業避止義務**」と呼ばれるもので、憲法の「職業選択の自由」との間でたびたび有効性が争われる事案なのです。しかし法解釈はともあれ、フランチャイザーが契約要項に加え、フランチャイジーが合意している以上、FCビジネスに参入する時点で知っておくべきデメリットのひとつです。

フランチャイズビジネスのメリット①　ビジネスの成功度が検証されている

次に、FCビジネスで起業するメリットについて、もう一度まとめてみましょう。

第一にあげられるのは、ビジネスの再現性です。

再三お伝えしてきたとおり、ゼロからスタートしてすべてを自分で作り上げなくてはならない個人事業と、すでに出来上がっている成功法則に乗って展開すればいいFCビジネスでは、**再現性に格段の差があります**。

本部がマーケティングして開発した商品・サービスを扱うことで、最初から不安なくビジネスを始められます。加盟店は試行錯誤してノウハウを切り開く必要もありません。

そう、FCモデルの場合はすでに直営店で商品やサービス、顧客獲得手法など、経営に必要になる要素がすべて検証されているのです。

カスタマーに対しても、すでに知名度のある商品を扱うことで、はじめから信頼を築き上げやすくなります。

人材を集めるときも、フランチャイザーの知名度が有利に働きます。最近は特にアルバイトやパートが確保しにくい状況が続いていますが、この点、FCチェーンでは、人材募集の広告ノウハウがあったり、本部が一緒に告知してくれることによって、人材採用に関してのサポートを実施しています。

ただし、ここのところニュースでも取り上げられる「ブラックバイト」などの汚名を、万が一、自分が加盟しているフランチャイズ本部が負わされるようなことになれば、このメリットは一気にデメリットに転じます。その点は、本部を選ぶ時点でしっかりチェック

フランチャイズビジネスのメリットとデメリット

デメリット

1 お金がかかる
2 他店のトラブルをかぶるケースもある
3 本部のルールに縛られる
4 離職後、一定期間は同業種で起業できない

メリット

1 ビジネスの成功度が検証されている
2 商品開発等のモデルがブラッシュアップされている
3 他店舗の成功事例の情報などさまざまなサポートを受けられる
4 時代の変化に対応しやすい
5 多店舗展開がしやすい

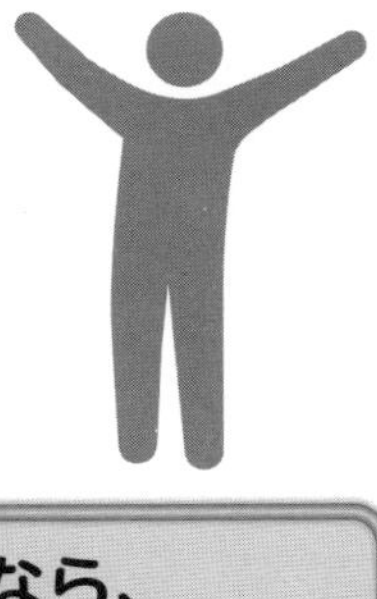

はじめて独立起業を志すのなら、フランチャイズビジネスは比較的安全で成功の確率が高い！

しておく必要はあります。

❖フランチャイズビジネスのメリット②

商品開発等のモデルがブラッシュアップされている

第二に、**商品開発等のモデルのブラッシュアップを本部が行ってくれる**ことがあげられるのではないでしょうか。

たとえばコンビニのおでんで説明すると、北海道のコンビニで販売している具材と、私が住んでいる九州で販売している具材は違います。これは、各地方によって食文化が異なるため、本部でマーケティングして商品開発がなされているわけです。

一個人の店舗では、こうした商品開発というのはなかなか手が出しにくい分野です。商品ひとつをとっても、本部が自動的にブラッシュアップをやってくれるのは、加盟者側にとってはたいへんありがたいことではないでしょうか。

そして、ビジネスに関するさまざまなスキームが出来上がっていることもメリットとなります。

たとえば、本部は同様の規格の備品を大量に作っているので、**開業に必要な資金を安く**

抑えられることがあげられます。

ある程度の規模のＦＣ本部であれば、設備や備品なども効率よく成果を上げられるように考えられた同一規格品を一括調達し、価格を下げてパッケージ提供しています。業態の経験がない個人が、効率を考えながら店舗を設計して備品を選ぶよりは、ずっと効果的な店舗を作ることができるはずです。

このほかに本部は、加盟店のエリアで立地の調査をし、店舗を出す場所についてアドバイスしたり、資金計画や経営計画書作成の支援もします。

また、教育システムを完備し、フランチャイジーが実際の営業やサービスの現場で訓練を受けてから開店できるように援助しています。

本部が開店までの流れをパッケージとして用意してくれるため、経営に関してまったくの素人でも、安心してスタートを切ることができるのです。

❖ フランチャイズビジネスのメリット③

他店舗の成功事例の情報などさまざまなサポートを受けられる

優秀な本部は、**フランチャイジーが成功するためにさまざまな支援システムを用意**しています。

当然、本部によってやり方は違いますが、テレビCMなどの大きな宣伝・広告などを本部が一括して担当している場合、加盟店オーナーは店舗経営と営業に専念できます。そして、本部から担当のスーパーバイザーが定期的に店を訪れ、経営のチェックや営業のアドバイスをしてくれます。

会社経営者は常に決断を迫られ、経営についてなかなか腹を割って相談する相手もいない孤独なポジションです。

新人経営者であれば、なおさらプレッシャーは大きいはずです。フランチャイズで起業の場合、成果を上げるために多方面から相談に乗ってくれるスーパーバイザーがいるというだけで、安心感が違います。

また、**他店舗の成功事例等の情報を得ることができるのも、非常に大きなメリット**と言えます。

加盟店オーナーの場合、特に経験値が低い業種や業態の場合はなおさらですが、成功加盟店の事例や情報が心強くもあり、非常に大きなヒントになるケースが多々見られます。

もしすでにどこかのフランチャイズに加盟されているのなら、他の加盟店オーナーの成功事例をぜひ研究してみてください。

もちろん、本部と加盟店はそれぞれ別個の事業者であり、「困ったら本部がなんとかしてくれるだろう」という依存心が通用しないことは、心にとめておいてください。あくまでも「フランチャイズオーナー＝経営者」ですから、どんな場合でも本部への依存は禁物です。

❖フランチャイズビジネスのメリット④　時代の変化に対応しやすい

四番目に、**時流に対応しやすい**という点があげられます。

どんなビジネスも時代の流れによって次第に陳腐化していく運命にあります。個人経営者がそのつど、時代の空気を的確に捉えて、店のコンセプトやメニューを変えていくのは至難の業《わざ》です。

たとえば、4、5年前には「270円居酒屋」のような、とにかく低価格で、その代わり徹底的にコストを削った飲食店が主流でした。

今はどうでしょう。せっかく外で飲み食いするなら、ちょっと高級な専門店で良いものを……という志向に変わってきています。

しかし、ひとたび低価格競争に入り込んだ個人経営者が仮に次の流行を察知しても、急に店を高級路線にシフトすることはできません。

フランチャイズチェーンなら、本部が時代の潮目をいち早く読んで、それに応じたメニューや新しいブランド戦略を立て、**加盟店全体で時代の流れに沿った方向に舵を切ることもしやすい**のです。

この点で最もメリットが大きいのは、介護施設や託児所のような、いわゆる「制度ビジネス」です。

このような業態では、制度が変わるときにビジネスチャンスが訪れます。公的機関とのアクセスを持ち、制度に精通した専門家とも連携しているFC本部は、いち早く情報をキャッチして、即座に対応することができるのです。

個人で経営しているところでは、変動の激しい情報を収集してすぐに反映させる専門部署を持たない限り、なかなか太刀打ちできません。

しかし、個人や数箇所の事業所しか持っていない法人にとっては、そのような専門部署を立ち上げることは負担が大きいのではないでしょうか。この分野の事業者としては本部にこうした部門があるFCチェーンに加盟することは大きなメリットとなるでしょう。

フランチャイズビジネスのメリット⑤

多店舗展開がしやすい

最後は、ビジネスを大きく育てる場合のメリットです。

ＦＣビジネスの勝ちパターンはいくつかありますが、**「メガフランチャイジー」と呼ばれる多店舗展開オーナーを目指す**のもそのひとつです。

メガフランチャイジーとは、30店舗以上もしくはＦＣ売上で20億円以上を達成しているＦＣ加盟店を指します。

たとえば、あるエリアで塾を開講して成功したオーナーがいたとします。そのオーナーはとなりのエリアにも同じブランドの塾を出し、それがうまくいったら、またとなりのエリアにと広げていきます。

最初の一店舗で評判が上がれば、同じブランドでどんどん出していくごとに成功のポイントをつかんでいくため、成功する確率は上がっていくのです。

「一点突破、全面展開」は、フランチャイズ加盟における成功パターンのひとつです。

全国展開するようなフランチャイザーでは、各地から上がってくる成功例・失敗例をもとに成功法則を編み出し、ノウハウとしてビジネスのブラッシュアップを構築しています。

ただし、ある地域特有の事情や、そのエリアの客層、地域性などをノウハウに反映しにくいのは事実です。そんななか、このオーナーは、成功で手に入れたこの地域に特化した経験値を次々とためていき、新しい店舗に生かしていったのです。

こうした点から、私は多店舗展開を目指すFCオーナーには、新しい業態で一から始めるのではなく、同じフランチャイザーの二軒目を近隣地域に立ち上げることをお勧めしています。

❖あなたは、どの「成功モデル」を買いますか?

さて、ここまで読んだ読者のみなさんは、FCビジネスのメリットとデメリットの大部分が、**本部の善し悪しに大きく左右される**ものだということに気づかれたでしょうか。

本部が直営店や先行する加盟店の成功実例から積み上げてきたノウハウの詰まったFCパッケージを、フランチャイジーは加盟金を支払って購入する。

これがFCビジネスの基本的な仕組みです。これまでいちばんうまくいった商品やサービスを、そのまま自分の商材として商売にできる権利を手に入れるのです。

間違えてはいけないのは、**パッケージはあくまで「成功してきたモデル」であって、成**

功そのものではないということです。

どういう業態を選び、どのフランチャイザーから「成功モデル」を買うかは、フランチャイジーの責任になります。また、手に入れたパッケージをどのように生かすかも、すべてフランチャイジーの責任です。

そのことをよく理解したうえでFCビジネスの世界に入って来る人が、**未来の成功に最も近い場所からスタートを切れる**のではないでしょうか。

第2章

フランチャイズビジネスで成功する人・しない人

❖出会った瞬間、成功する人・しない人がわかる

私は、フランチャイズ専門の経営コンサルの仕事に就いて7年、業界に入って15年、多くのフランチャイジーやその希望者と会ってきました。

この仕事をしているうちに、フランチャイズで起業して、きっと成功するだろうという人と、ダメだろうという人をなんとなく見分けられるようになりました。

と言っても、そんなに難しい予知能力を使っているわけではありません。

まず私が第一印象で、

「この人のことを応援したくないな」

と感じる人。

いきなり感覚的な話になってしまいますが、ビジネスの相談に来て、自分を応援してくれる立場の相手にさえ嫌な印象を与えてしまう人が、これから先、いろんな人から応援してもらえるか、と考えればわかると思います。

私が応援したくないと感じる人の特徴を、もう少し具体的にいうと、

「隙あらば、うまいことやってやろう」と考えているような人。

自分のことしか考えていないような人。

「何か楽して儲かるようなものはないですかね」などと平気で口にする人。

もちろん、答えは即答で「Ｎｏ！」です。

「そんなものがあれば、あなたのコンサルなどしないで私がやっています」

「ですよねぇ」

話はそこでおしまいです。

逆に、最初にお話しした時点で応援したくなる人もいます。

「どうしてフランチャイズに加盟しようと思われたのですか」

と、尋ねたときに**「守るべき何か」を持っていると答える人。**

それから、**何かに必死で取り組んだ経験のある人。**

成功体験を持っている人。

これらの条件を満たす人は、ビジネスを始めても間違いなく一生懸命取り組みます。

守るものを持っている人は、どんなに苦しい状況に置かれても簡単に投げ出しません。

必死で食いついて、やがて成功をもぎ取っていきます。

何かに必死で取り組んで、その結果、成し遂げたことのある人は、苦労の先には必ず結果がついてくると信じて頑張ることができます。

独立開業は楽なものではありません。良いときも悪いときもあります。ここ一番というときに踏ん張りがきくのは、そういうところだと思います。

❖全員が儲かるビジネスは存在しない

とは言え、もちろん私の予想が百発百中というわけではありません。

世の中には本当にいろいろな人がいて、私のクライアントでも驚くほど能力が高く、人柄も確かで、

「ああ、この人は間違いなく成功するだろうな」

と思えるような人が、なぜかうまく結果を出せないこともあります。逆に、

「こいつは絶対に無理だろう」

と思った人が、意外にもすんなり売上を上げていたりします。

あるオーナーは本部から言われたことに全然耳を貸さず、好き勝手に店舗経営をしていました。

「なんでこの商売を始めたんですか」

と聞いても、しれっとして、

フランチャイズビジネスで成功する人、しない人

× の人

・自分のことしか考えていないような人
・「何か楽して儲かるようなものはないですかね」などと平気で口にする人
・「うまくやってやろう」と考えている人

○の人

・「守るべき何か」を持っていると答える人
・何かに必死で取り組んだ経験のある人
・成功体験を持っている人

**あなたは、
「苦労の先には必ず結果がついてくる」と
信じて頑張ることができますか？**

「儲かりそうだったから」

などと答えたりします。そんな人が予測に反して売上を上げているのを見ると、少々複雑な気持ちになります。

ビジネスに「絶対」はありません。全員が儲かるビジネスなど存在しないし、ときには自分より努力しているようには見えない経営者がちゃっかり売上を伸ばしていたりもします。不公平だと感じることも、誰かを責めたくなるようなこともあるでしょう。

商売には常に運・不運がついてまわります。完全な「勝ちの法則」などないということを理解しておいてほしいのです。それがわからないと、うまくいかないときに本部やコンサルのせいにして、「騙《だま》された」と騒ぎ立てることになります。

❖「成功が約束されている」は勘違い

計画どおりにいかないことなど、当たり前だと思ってください。

自分が経営者として店舗を運営していくのですから、**やらなければ収入にならない、やればやっただけ収入が上がる**というのは事実です。

「お金を払ったんだから成功させてよ」

と言うオーナーがよくいます。それは無理なので、たとえば、

「うちの直営店ではこれだけ売上が上がっています。加盟店はこれくらいです。加盟店さんは毎月このくらいポスティングして、こういう営業活動をして集客に努めていますが、できますか」

とお話しするのです。すると、

「やらせてください」

ということになりますが、実際に始めてみると、なかなかお話ししたような売上が上がらないこともあります。すると、

「どうして上がらないんだ」

と言ってくる。よく聞いてみると、こちらが提供した営業ノウハウ、ポスティングや集客活動などを言われた量さえこなしていないのです。それでは売上が上がるわけもありません。

しかし、**やったからと言って必ずしも結果が出るとは限らないというのも、また事実**なのです。オーナーが買ったのは、今までやってきた成功であって、その人の未来の成功ではありません。本部が言うとおりのことをやっても、なかなか実績が上がらないオーナーもいます。

実のところ、成功している人たちでしっかり理論立てて自分の成功の理由を語れる人は少ないと思います。FC本部は、それをひとつひとつ分析して、次の加盟店の成功に向けてノウハウとしていくのです。

創業した100社のうち、10年後には6社しか残らず、残った中でも3社が赤字というのがビジネスの現実です。

フランチャイズだろうが、個人での起業だろうが、その厳しさに変わりはありません。100人の経営者が必死に努力してしのぎを削っているなか、たまたま運の良かった3人だけが10年後、ようやく成功者となるのです。

FCビジネスという選択は、決して成功を約束するものではありません。10年後の3パーセントに入る可能性を**できるだけ高いところまで押し上げてくれるひとつの方法。**そんなふうに認識しておいていただきたいのです。

❖自己責任の意味をわかっているか

FCビジネスにはこんな〝格言〟があります。

「良かったら自分のおかげ、悪かったら本部のせい」

どこの本部でも、何かあるたびに口にのぼる〝フランチャイズ業界あるある〟です。こういう姿勢で本部にものを言うオーナーが多いということです。

加盟店オーナーの立場で考えれば、わからなくもないのです。

大金を払ってＦＣ加盟して、最初に聞いていた話と違う、こちらが期待するほどのサポートを得られない、経営者として成功させてくれるんじゃなかったのか……。

しかし、**自己責任で自分が選んだ事業なのだということを忘れて、なにもかも本部のせいにするのは、やはり間違っています。**

たとえば、何かトラブルやうまくいかないことがあっても、本部の力を借りながら自分で解決していくオーナーがいます。

その一方で、本部の文句ばかりを言って何かあるたびに、

「なんとかしろ！」

とねじ込んでくるオーナーがいます。

本部スタッフとしては、どちらを応援したくなるでしょうか。

結局、責任を本部に押しつけて自分で対処しようとしない加盟店がどうなるかというと、次第に本部から敬遠されるようになるのです。

ＦＣ経営の最大のメリットのひとつ、本部からの支援が届きにくくなると、結局その店

は立ち行かなくなります。

依存心を捨て、自己責任であることを自覚して、

「うまくいったら本部（と、この本部を選んだ自分）のおかげ、うまくいかないときは本部（を選んだ自分）の責任」

せめてこのくらいの気持ちで、自分をいさめていってはいかがでしょう。

❖年下の本部スタッフの言葉に耳を傾けられますか？

加盟店には本部からスーパーバイザーがつけられ、定期的に店を訪れて経営の相談に乗ったり、店舗や業務のチェックをしたりします。

このスーパーバイザーは年齢的には30代、40代が中心です。

一方、ＦＣオーナーは40代、50代が最も多い年齢層です。したがって、**加盟店オーナーがスーパーバイザーより年上というケースも少なくありません**。

サラリーマンが長かったオーナーなどは、どうしても年功序列の考え方がしみついていて、せっかく加盟店をよくしようとアドバイスをくれるスーパーバイザーに対し、

「若造がなにを偉そうに。ビジネスに関しては俺のほうが先輩なんだぞ」

さらには、

「こちらは経営者なんだ。サラリーマンのくせに経営の何がわかるんだ」

などと反発してしまう人もいるようです。

しかし、その業種で言えば、スーパーバイザーはオーナーよりもずっと経歴が長いのです。真摯《しんし》に耳を傾け、もしも違うと感じたら、上下関係をつけたくなる感情は脇に置き、対等な立場で冷静に議論しましょう。

これができないと、やはり次第に距離を置かれ、必要な情報が届かなくなっていくことになります。

結局は、人と人の関係です。

スーパーバイザーとの関係だけでなく、自分と店舗スタッフ、自分と顧客、そして各所・各人員同士など、このビジネスに関わるすべての人との間に良好な感情が流れるように気を配り、常に調整できることが、**成功するオーナーの条件のひとつ**と言えます。

❖過去の栄光にとらわれず、過去からの積み重ねを生かせる人

私が、あるハウスクリーニングのＦＣ本部でリクルートを担当していた頃の話です。当

時、消費者金融が崩壊して世間を騒がせていました。

その時期、消費者金融でかなり高い地位にいた方が金融業界に見切りをつけ、ご夫婦でうちのハウスクリーニングのＦＣ加盟を希望してきました。

しかし、金融業界で出世するために必要な能力と、ハウスクリーニング業界で成功するために必要な能力はまったく違います。計算が速いとか、頭がいいとかいう能力は、もちろんあるならあったで役立つでしょうが、なにより体を動かすことを厭《いと》わず、きめ細かく丁寧にお客様の家を掃除する仕事ぶりが必要不可欠です。

そういう意味で、選択を間違えているのではないかと危惧《きぐ》したとおり、その方はしばらくして加盟店をやめていきました。

サラリーマンから経営者を志す方にもいろいろな人がいます。ずっと起業を目標に準備を進めながら、それなりに社内で出世を果たし、資金も人脈もある程度見込める段階で満を持して独立という人もいれば、リストラされたり社内競争に敗れたりして、転職もうまくいかずにやむを得ずＦＣ加盟しようという人もいます。

さまざまなケースをひっくるめて一概に言うことはできませんが、私は**サラリーマンとして関わっていた業種業態と同じ分野での起業をお勧めしています**。それなら自分が培ってきた成功ノウハウを生かすことができますが、まったく違う業種では、どんなに前職で成功を収めていてもこれまで積み重ねてきた仕事のノウハウは通用しにくいでしょう。「過去の栄光」も、成功体験という意味では確かに素晴らしい実績でしょう。けれど、それだけをよりどころに独立起業することはあまりお勧めできません。

自分がどんな分野で何を成し遂げ、それを起業にどう生かすことができるか。まずは、そこを冷静に分析してみることをお勧めします。

❖素直さ、謙虚さが成功を引き寄せる

これも、私がハウスクリーニングの本部に勤めていたときに出会ったケースです。

その人は前職が会社役員でしたが、50代後半でその役を解かれ、退任させられました。この年齢で、まして企業の役員にもなった人が再就職先を見つけるのは至難の業です。そこで独立を考えられたわけです。

しかし、当初から私は難しいと考えていました。年齢も高く、体力仕事のハウスクリーニングは厳しいと思われたのです。そしてなにより、

「金は出す。だから独立させろ」

という口ぶりから、会社役員の続きのような意識でいるのがひと目でわかりました。

「そんな態度で言われても、うちとしては契約することはできません」

とお断りして一度は、

「そうですか。じゃあ、やめておきます」

とあっさり引き下がったのですが、その後、二度三度本部を訪れて最後は、

「やらせてほしい」

と頼み込んできました。

「失礼ですが、あなたの年齢でこの仕事はきついですよ。自分で全部しなくてはならないし、接客も重要です。前職でのご経験は邪魔にこそなれ、生かせるものではありません」

私もまだ若く、この方にはずいぶん厳しいことを言いました。最近まで役員として多くの部下を抱え、社会的な地位も高かったこの人から見たら、おそらく息子のような年齢の私に拒絶され、否定されるのは屈辱的な思いだったことでしょう。

それでも食い下がり、結局、私も押し切られる形でフランチャイズ契約を交しました。

それから3年ほど経ったある日、たまたま本部を訪れたその方と会う機会がありました。彼は私を見ると、涙ながらに言いました。

「川上さん、その節はお世話になりました。あの頃は未来に対して絶望しかなくて、悲観してばかりいました。でも、おかげさまで今は天職と出会い、これで食べていけると自信

もできました。孫に小遣いをあげることもできます」

この方はあの後、私の予想を裏切ってハウスクリーニングのFCオーナーとして事業を堅実に伸ばしたのです。

「あなたにあのとき、あんなふうに厳しく対応してもらっていなかったら、今の私はなかったでしょう。本当にありがとうございました」

当初はまず無理だと思われたこのオーナーが、最終的に起業に成功したのは、もう後がないと理解し、それまでの**プライドを捨て、気持ちを切り替えて謙虚に本部からのサポートを受けた**からでしょう。

特に企業の中で出世を果たした人が陥りがちな失敗が、傲慢《ごうまん》さゆえの判断ミスや対人的なトラブルです。会社で「偉い人」だったあなたは、この世界では素人であるという事実を素直に受け入れることができますか。

❖家族の説得はなにより大切

本部で加盟店開発の総括責任者をしていたときから、フランチャイズ専門の経営コンサルとなった現在にいたるまで、加盟を検討しているたくさんの人たちと会ってきました。

その経験から、最終的に「この人は本気だな」と判断する材料のひとつに、「**配偶者を連れてきているかどうか**」ということがあります。特に男性の場合、奥さんを連れてきている人は、まず間違いなく自分の中では加盟を決意している人と言えるでしょう。

ある日突然、ご主人が、

「会社を辞めてフランチャイズビジネスで起業する」

と言い出して、手放しで賛成する奥さんはあまりいません。

セミナーについて来るのも、

「あなただけにまかせられないから、私も連れて行きなさい」

というパターンが多いようです。なかには独立は断固反対で、夫に諦めさせるためにセミナーに同行する、いわば敵情視察のようなスタンスの奥さんもいます。

彼女たちの気持ちもよくわかります。

安定した仕事をしていて、毎月入って来る給料で生活が成り立っているのに、何が気に入らないのか、会社を辞めて起業するなどと言うご主人を、そのまま受け入れろと言うほうが無茶な話です。

だからこそ、家族の問題としてしっかり話し合って、自分自身の夢や思い描く未来だけでなく、独立後の家族の生活、成功したときに得られるものと失敗したときの対策、どのラインで撤退するかも含め、はっきりしたビジョンを示して説得する必要があります。

私もコンサルの立場から、説得の口添えをすることはあります。

「ご主人はどうして独立すると思いますか？　何のために独立すると思いますか？」

と尋ねてみます。

「もしもご主人のエゴだと思ったら、やめたほうがいいでしょう。でも、それが家族のためなら、家族として協力してみませんか？」

これで、もう一度ご主人と話し合って協力してくれる奥さんもいます。

しかし、それでも説得できない場合には、諦めることをお勧めします。事業を始めたら、この先さまざまな逆風の中を歩いて行かなければならないのです。**家庭内で奥さんの協力さえ取りつけられないオーナーが、逆風を乗り越えることなどできるでしょうか。**

その一方で、**家族の協力を得た独立起業は、それだけで成功率がぐっと上がります。**

まずは逃げずに、家族とじっくり向き合って、ともに成功を目指す体制を作れるか。成功できるオーナーは、そこをしっかりクリアしています。

初期投資の借金は恐れるな

ＦＣビジネスを志す人の中には、借金を徹底的に嫌う人がいます。気持ちはわかります。しかし、借金に対してネガティブな思い込みが強すぎるのはどうでしょうか。

私はむしろ、**「借りられるものは借りられるときに借りておけ」とアドバイスします。**

独立開業した後、軌道に乗るまでは、社長とは名ばかり、クレジットカードさえ作ることもままならない信用力ゼロの身分になるのです。

それよりは、開業資金を融資してもらえるくらいしっかりした資金計画を立て、自己資金は極力プールしておくほうが得策です。

そもそも**成功する人は資金計画がしっかりしています。**最悪の事態をきちんと想定できるのです。収益シミュレーションを組むとき、うまくいった場合、普通の場合、最悪の場合をそれぞれ想定して、その場合にどうするのかを考えます。成功するオーナーは、この「最悪の場合」もきっちり想定して、対処法を定めているのです。

これができないオーナーほど、いたずらに失敗を恐れて開業資金の借金を避けようとするのです。

フランチャイズビジネスで成功する人の心構え

・自己責任＝自分が選んだビジネスということを忘れない
・年下の本部スタッフの言葉に素直に耳を傾ける
・これまでのプライドを捨てて、自分の気持ちを切り換える
・いちばん大切なのは家族の説得＆協力！
・開業資金を借りることを必要以上に恐れない
・時間を忘れて働く＝長時間労働を気にしない
・本を読む
・他業種からヒント得る柔軟性を持つ
・「人としての当たり前」を自分に徹底する

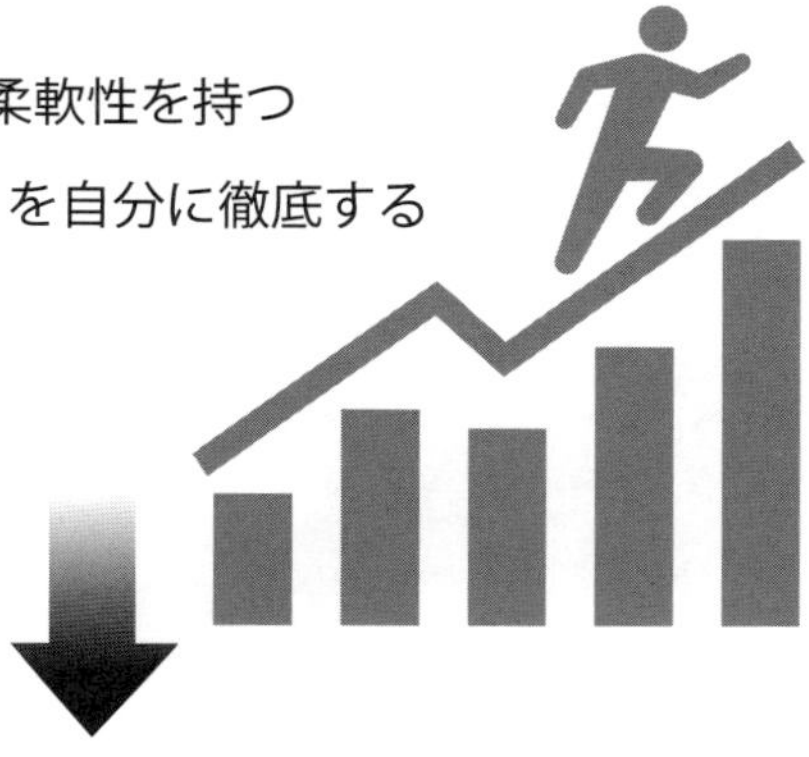

**フランチャイズビジネスは、
成功が約束されたビジネスではない！**

時間を忘れて働けるか

経営者になれば、日常業務の中で自分を監督する人は誰もいません。

そこであなたはどう感じるでしょうか。

「よし、これからはうるさい上司から解放されて、さぼり放題、遊び放題だ！」

まさかそんなふうに考える人はいないでしょうが、うるさい上司がいない解放感をしみじみと実感する新米起業家はいるかもしれません。

しかし、ここにも成功と失敗の分かれ道がひそんでいます。

「これからは誰も叱ってくれないのだ。これは厳しいぞ」

そう自覚して**自己管理を徹底できる人だけが、次のステップに進めます**。

「自分が自分の上司」という言葉は、とても耳ざわりがいいものですが、自分自身がどの他人よりもずっと厳しい上司でいられなければ、破綻は目に見えています。

「ランチェスターの法則」という戦略論があります。もともとはイギリスで生まれた軍事戦略論ですが、日本ではもっぱらビジネス戦略として活用されています。経営者やビジネスマンならご存じの方も多いでしょう。

その中でこんな法則が説かれています。

「人の2倍働こうと思ったら、一日10時間働きなさい。3倍働こうと思ったら、12時間、4倍なら14時間、5倍だと16時間働きなさい」

というものです。もちろん、残業代を稼ぐような働き方ではなく、一刻もムダにしない働き方であることは言うまでもありません。

他人より3倍の時間を投入すれば、勝負に勝てるようになると言われています。4倍投入すれば圧勝レベルです。

そこから導き出すと、**平凡な能力の人でも一日14時間、脇目もふらずに仕事に没頭し続ければ、まず負けることはない**ということになります。実際、中小企業・零細企業の経営者なら、一日16時間働く人は珍しくありません。

私も創業してから3年くらいはそうでした。長時間労働もしないで、成功したいなんて言うのは虫がいい話です。ここは覚悟の問題だと言えるのではないでしょうか。

つまり、人より5倍働く人たちとの競争では、一日のうち睡眠・食事その他必要な生活時間以外はほぼすべて仕事に費やして、ようやく生き残りへのスタート地点に立てるということです。そのくらいの覚悟を持って起業してほしいということです。

❖小さな店舗でも経営マインドは必須

フランチャイズのオーナーというのは、サラリーマンと独立起業の経営者の中間くらいに位置する人たちだと私は考えています。サラリーマンとしては優秀だけど、経営者としてはまだまだというレベルです。

では、サラリーマンと経営者のいちばんの違いはなんでしょう。

あえて厳しい言い方をすれば、サラリーマンとは、親がえさを運んでくるのを口を開けて待つ雛鳥《ひなどり》のようなものです。会社員は言われたことをやっておけば、毎月決まった日に給料が振り込まれます。

でも、経営者は誰も言ってくれないので、すべて自分で作り上げていかなくてはならないのです。

巣の中で他の雛鳥より上手にえさを受け取ることができても、そのまま外の世界に出て、自分で狩りをしてえさを手に入れることができるわけではありません。

そのくらい**サラリーマンと経営者のステージは違う**のです。

脱サラしてFCオーナーとして独立したての人たちは、いわば、ようやく巣から飛び立つことができた若鳥くらいの存在です。親の見よう見まねで翼を広げ、教えられたとおりにえさを獲るところからのスタートです。

新人FCオーナーは、本部が決めた「やるべきこと」を、まず忠実に実行していくところから始まります。

しかし、必ずしも狩りがうまくいくわけではないのと同じように、事業には思わぬ事態がつきものです。にもかかわらず、サラリーマン時代の感覚のまま、FCビジネスを始める、口を開けて待っているだけのオーナーが案外多いのです。

たとえば、今月入金の予定がありました。ところが、いきなりそれが無しになることも、ビジネスの世界では普通にあります。サラリーマンをしていたら、そんなことはまずありません。そこで、

「入金がない！　困った！　どうしよう」

とオロオロしても仕方ないことなのです。

経営者であれば、そのような事態にも必ずリスクヘッジとしてなんらかの用意ができているはずです。波風が立つのが当たり前。常に波乗りをしているのが経営者なのです。

実は、私自身もフランチャイズ本部から経営コンサルタントとして独立したとき、最初に驚いたのはそこでした。

「あ、入金しないことがあるんだ」

どんなに本部の言うとおり、マニュアルにあるとおりに真面目に仕事を積み重ねていても、**計画通りにいかないことは当たり前**にあります。

頭ではわかっていても、そこに直面したとき、脱サラしたばかりのマインドは、ついつい何かに頼ろうとしたり、誰かのせいにして責任を逃れようとしたりしがちです。

そこでサラリーマン根性はきっぱりと捨て、経営者マインドに切り替えることができるか。そこが独立後の最初の試練と言えるかもしれません。

天才じゃなければ本を読め

稀に成功者の中には、まったく本を読まずに今日の地位や財産を手に入れたという人がいます。そういう人が自著の中で、

「本の知識など邪魔にしかならない。私は本を読まずに成功を手に入れました」

と書いているのを読んで、

「そうか、本を読まずに成功できるのか」

と本を読むのをやめてしまった人がいます。

何か変ですよね？

経営者として成功しようと思うなら、基本的に本は読むべきです。なかには天才的なビジネスの勘と能力を持つ人がいて、誰から教えられることもなく成功を遂げることもあります。でも、それは一部の才能に恵まれた人の話です。

普通の人なら、先達《せんだつ》の残した英知を自分のビジネスに生かすためにも、本はたくさん読むべきです。たくさん読んだ中に、必ず自分の心に響くものが見つかるはずです。

「これだ！」という一冊に出会っても、さらにたくさんの本に触れていきましょう。読書によって多くの思想、ノウハウ、知識に触れ、ときには相反する考え方を吟味して、自分のビジネスのアイデアを固め、実践に生かしていくことが大切です。

私は、時期によって多い少ないはありますが、おおよそ年間で２００冊は本を読むようにしています。勉強のために速読を身につけ、多い月には20冊読んでいたこともあります。

座右の書と言える名著にも数多く出会いました。

その中で松下幸之助は、どんな立場から読んでも人生の指針になるような『道をひらく』から、経営者に向けて「哲学・理念の大切さ」を説いた『実践経営哲学』、経営を越えた人生訓が詰まった語録集『一日一話』まで、どの著作に触れても新鮮な視野を与えてくれます。経営者となったオーナーのみなさんにもお勧めします。

ビジネス・自己啓発書の古典的名著ですから、サラリーマン時代に触れた方も多いでしょうが、あらためて独立起業した立場から読むと、そのときとは違った気づきを得られるはずです。

❖経営者としての学び方を心得ているか

勉強という意味では、経営者はそれまでのサラリーマンとしての勉強とは違った学び方が必要です。

現代社会で働いている以上、営業マンも職人も経理も総務も販売員も、それぞれの職能の中で、誰もが日々勉強を重ね、研鑽《けんさん》を積むことを求められます。大きな会社になればなるほど自分の職域がしっかり決められ、それ以外のところを磨いていく機会はなかなか与えられません。

しかし、経営者となるとすべてを把握しておく必要があります。

自分が扱う商品やサービスの最先端を常に知っておくことはもちろん、**営業、マーケティング、経理など、会社がまわっていくために必要なことはひととおり学んでおく**べきです。

他の業種からヒントをもらえる柔軟性

本からの知識も大切ですが、やはり全方向にアンテナを張り巡らせ、どこからでもヒントをもらうことができる柔軟性のある人が、経営では強みを発揮します。

旅行会社ＨＩＳ創業者で、不採算にあえぐハウステンボス社長として迎えられた後、１年で黒字に転換した沢田秀雄社長の話は、経営者としてたいへん興味深いものがあります。

沢田氏は若い頃から好奇心が旺盛で、ヨーロッパまでの航空運賃が70万円もする時代に、世界中を旅してまわったと言います。そしてその好奇心が、今の自分を作ったとインタビューに答えています。

意外なのは、今も月に一度海外を視察するという沢田氏が、よいものを見つけたら模倣することを恐れないと公言している点です。

いまやイルミネーションの規模で世界一を誇るハウステンボスの「光の王国」は、フランスのリヨンで開催される「光の祭典」にヒントを得たものだと言います。

テーマパーク閑散期の冬期イベントを考案しようと、世界中の類似的なイベントを探るなか、２００１年に開始され、４日間で４００万人を集めるようになったリヨンのライトアップイベントからアイデアをもらうことにしたのだそうです。

その結果、２０１０年からスタートした「光の王国」は短期間で冬を代表する祭典として知られるようになり、２０１３年から始まった「イルミネーションアワード」では、２年連続総合エンタテインメント部門で1位を獲得しました。

ゼロから自分たちで企画していたら、これほどの成果を上げることができたかどうか。沢田社長は、海外で成功した事例を素早く学んで果敢に実行したことで、試行錯誤の時間を圧縮して成功を収めたのです。

このハウステンボスの成功事例は、ＦＣビジネスにも通じるところがあります。

どのような事業も、基本的には模倣か創造しかありません。ゼロからスタートして、すべて自分のアイデアで企画してデザイン設計をする事業より、誰かの成功事例を模倣して立ち上げるほうが圧倒的に確率も高いし、スピードも速いのは間違いありません。

同じ加盟店同士でも、**「他店舗がこういうことをして成果を上げている。では、うちも同じようにやってみよう」**と、あれこれ考えず、すぐに模倣してみるフットワークと実行力があるフランチャイジーは強いのです。

オリジナルにこだわらない。

他業界や他社、他店舗でのずば抜けた成功事例を、いかに自分に転換できるか。

その柔軟性を持つ人が、ビジネスで成功を収めていくのです。

❖ギリギリの撤退ラインを決められるか

ギャンブルで失敗したことのある人は、どのくらいいるでしょうか。

もしも負け続ける中で、

「もう少し。これが当たれば一発逆転できる」

という心理状態に覚えがある人は要注意です。過去に経験した勝ちの快感が忘れられず、財布の中の金額、今月使うことのできる小遣い、自分の稼ぎや貯蓄額を忘れて、目の前の賭けに投資し続ける恍惚感……。

あるいは株式投資で、売り時を逃したり、損切りの勇気がなくてズルズルと資産を減らしてしまった経験のある人も同じです。

「今は社会情勢が悪いから株価も下がっているけど、もう少ししたら潮目も変わってくる。むしろ今は買い時かもしれない」

そんなふうに、悪い状況へ悪い状況へと自分を追い込んでいって破綻してしまう。

失敗してしまう人は、間違いなく撤退ラインを知りません。最初からそれを決めず、漠然と「大きく儲ける」という目標を掲げて、負け勝負を続けるのです。おそらくまわりの風景を見る余裕もないのでしょう。

ＦＣビジネスは、確かに独立起業の成功率を上げます。それでも必ず成功するわけではありません。独立開業の道は決して甘いものではなく、このＦＣ本部に加盟したのだから安心ということはあり得ません。

残念ながら営業や経営でうまくいかず、なかなか収益を上げられない、赤字続きという事態も起こるのです。起業に大きな夢を託し、幸せな未来だけを思い描いて一歩を踏み出す一方で、**成功する人は必ず「最悪の事態」をしっかり想定しています。**

具体的には、**ギリギリの撤退ラインを決める**ことです。

お尻を決めておいて、そこに行き着くまでは一生懸命取り組む。

サラリーマンの安定を捨て、退職金を投入し、一世一代の勝負をするつもりで起業した結果、負けを認めて撤退するのは非常に勇気のいることだと思います。

それでも決心しなければ、家族も周囲も巻き込んで不幸になるのです。その撤退ラインは、協力してくれる家族にもきちんと提示して理解を得ておく必要があるでしょう。

❖成功法則「守破離」ができるか

物事を修得し、達成する道筋を表すのに「守破離《しゅはり》」という言葉があります。日本古来の伝統芸能や武道、工芸などの修行で極みを目指す過程を説いた思想です。

道を志すとき、まずは師を得て型を学び、それを「守る」ことから始まります。時間をかけて反復練習に明け暮れ、ようやく「型」が自分のものになります。

長い「守」の鍛錬が極まると、次にあえてこれまでに修得した「型」を破り、セオリーと違うことを試す時期が訪れます。ここで「型」を学ぶ中で身につけた基本に、自分のやり方を肉づける方法を模索するのです。

ひととおり「破」を試みた後、ようやく自分のオリジナルとなる「離」の時期に入ります。「離」とは「型」から離れること、つまり卒業を意味します。ここでようやく師から学んだ「型」を超え、自分オリジナルの「型」を作り上げるときが来たのです。

FCビジネスにあてはめてみると、これまでに成功してきたノウハウを詰め込んだパッケージが「型」にあたります。

成功への第一歩は、まずはノウハウどおりマニュアルどおりにビジネスに取り組むこと

です（守）。守って結果が出たら、自分なりに形を崩していって（破）、最終的には自分のオリジナルのノウハウを生み出す（離）のです。

しかし、実はフランチャイズビジネスに入って来る人の多くは、「守」を疎《おろそ》かにしがちです。

ある業種の営業で、本部のマニュアルに「1日50件飛び込み営業、1000枚ポスティング」という数のノウハウがあったら、まずこれを忠実に守って、継続してやり続けるのが基本です。これができなければ数字は作れません。

するとエリアによって、

「ここは頻繁にご依頼が来るからポスティングの頻度を上げよう」

とか、

「ここはそれほどでないからひと月に一度くらいでいいだろう」

という、自分なりの営業戦略が立てられるようになってくるのです。

フランチャイズで開業するのは、サラリーマンとしては成功している人が多いでしょう。そういう人の中には、最初から自分の我を出して、「こう思うからこうやる」と、好きなように動く人が少なくありません。

でも、せっかくフランチャイズに加盟するのです。まず無心に「守」に取り組んでみてください。それができる人が、最終的に自分の型を作り出し、結果的に最も成功を勝ち取っています。

❖大切なのは人としてのベーシック

「当たり前のことを当たり前にできる」

これはどんな職業、どんな地位についていても最低限必要とされる社会人として当然のたしなみと言えます。

しかし、**経営者となれば、求められる「当たり前」はずっと厳しくなります。**会社員でいる間は、会社の看板が多少の無知や不調法も覆い隠してくれていたのですが、それが外れた途端、体ひとつで弾丸飛び交うビジネスの戦場に身をさらさなくてはならないからです。

当たり前のこととはなんでしょう。たとえば、

- はじめてお会いした人や便宜を図ってもらった人には、その日のうちにお礼状を書く
- 大切な報告・連絡は迅速に、確実に伝える
- 納期や時間に遅れない、約束事は守る

●会社には神棚を置き、季節ごとの供養を絶やさず、感謝の気持ちを忘れない
●整理・整頓・清掃・清潔・躾の5Sを徹底する

これらは一例ですが、人としてのベーシックです。経営者になる人なら、どれも当たり前にできていなくてはならないこと、そして自分の会社の中で徹底させなくてはならないことばかりです。

ところが、意外にできていない人が多いのです。

起業する前にもう一度、社会人として自分が基本を身につけているかどうか、ふりかえってみてください。

第3章

どんな業種を選ぶべきか

❖自分の適性に合った業態を見つけるために

独立開業を目指すとき、「どんな業態で」独立するかを決めることはとても重要です。それによって選ぶFC本部も、立地も、資金も、開店準備も変わってくるからです。

独立を目指すクライアントにアドバイスする場合、私は**その方にとって最も馴染みの深い分野での起業をお勧めしています**。そこでこそ、これまで自分が積み重ねてきたスキルやキャリア、コネクションが生かせるからです。

この原則は単独での起業はもちろん、FCビジネスであっても同様です。確かに商売についてまったくの素人でも、本部の手厚いサポートを期待できるフランチャイズなら、比較的簡単に起業を成功させることができます。それでも自分自身が持つリソースを十分に活用できるにこしたことはないのです。

その点でベストなのは、前職や自分がかつて経験した業態での独立ということになります。とはいえ、

「自分には特にきわだった成果を上げた前職がない」

「そうは言っても、前に就いていた仕事はまったく私に合っていなかった」

「経験はないけど、どうしても○○を仕事にしたい」

という人もいるかもしれません。

一番目、二番目の人は、まず自分自身の過去の成功体験や得意だったもの、苦手だったものを洗い出し、「これなら人に負けない」「これなら勝てる」という業種や業態を見つけてください。

三番目の人は、なぜその仕事をしたいのか、その業態が本当に自分に向いているか、客観的に考えてみてください。

そのために、まずは私がコンサルで利用している「自己分析シート」を書くことをお勧めします。

❖自分の成功体験から分析してみよう

86ページから88ページに掲載したのが、私がコンサルやセミナーで使っている自己分析シートです。

この自己分析の目的は、「成功体験の洗い出し」にあります。

現在、「一般社団法人日本フランチャイズチェーン協会」が把握しているだけで、

自己分析シート（現状把握・ビジョン構築）①					
お名前		年齢		家族構成	
ご住所					
アドレス					
生活費／月		自己資金		借金の有・無	

《現在・過去にやってきた仕事・職歴》

《過去に検討した事業・やってみたかったこと》

《新規事業参入・独立開業の動機》

自己分析シート（現状把握・ビジョン構築）②	
《家族について》仕事への理解・将来設計について	
《自分自身の長所》	《自分自身の短所》
《営業での成功体験》	《営業での失敗体験》
《現在検討している事業とその理由》	

自己分析シート（現状把握・ビジョン構築）③
《営業面でどのような成功経験があるか？》
《マネジメント面でどのような成功経験があるか？》
《３年後５年後どのようになりたいか？》
《相談したいこと》

1321もの本部事業所があります。自分の適性に合った、本当にやりたい業態、業種は必ず見つかります。

どんな業態があって、それぞれどんな特徴があるかというお話は、本章の中で詳しく書きますが、まずは自分がどのような分野で能力を発揮することができるか、それを探ることから始めましょう。

自己分析をしっかり行うことで、自分にぴったりの業態を見つけ、その後の本部選びや、経営者としての理念を構築するためのファーストステップとしてください。

❖強みを生かした業種選び

起業に**最も必要とされる力は、「売上を上げる力」**です。

どんな優れた商品を扱っていても、どんなに経営者として数字を読む力があっても、今日の売上を上げる能力がなければ、会社はたちまち立ち行かなくなるからです。

営業の経験が豊富で、ある程度の実績を上げてきた人は、その点で有利と言えるでしょう。では、営業が苦手な経営者はどうしたらいいのでしょうか。

訪問販売をしたこともない脱サラの新人経営者が、いきなり一軒一軒企業をまわって、

「当社の商品を買ってください」

と営業するのは、あまりにもハードルが高いでしょう。それでもサラリーマンのように配置転換を願い出て、誰かに部署を代わってもらうわけにはいきません。起業した以上、自分で自分の利益を確保していかなくてはならないのです。

そういう人は、営業色が強くない業態を選べばいいのです。

たとえば、訪問医療マッサージなどの介護福祉分野は、あまり営業を前面に押し出せば逆効果になります。逆に認可ビジネスですから、頻繁に改正される法令への対応力が必要となってきます。

あるいは飲食店などの店舗経営では、営業よりもマーケティング力がものを言います。仕掛けを作ることに長《た》けている人は、こちらで勝負をするほうがうまくいくでしょう。

営業のスキルや成功体験がない人は、こんなふうに営業力以外のスキルで売上を上げていく業態を選べばいいのです。

また、営業の中でも業態によってさまざまな種類があります。たとえば、訪問営業やルート営業、反響営業、提案営業など、取り扱う商品やサービスによってそのスタイルも変わってきます。それによって得手不得手も違ってきます。

自分がどのスタイルで強みを発揮できるか。私は、まず自分が勝ったことのあるところで勝負することをお勧めします。

成功体験は、自分でも意識しないところで記憶に埋もれている場合もあります。それをくまなく掘り起こし、自分の強みを知るためにも前項の自己分析シートはとても役に立つはずです。

❖今後の成長が望める業種か

自分の適性を見極めた業態選びが大切なことをお話ししましたが、それと同時に、その業態自体の将来性を見極める必要もあります。

私たちがよくお話しするのは、**その事業自体が「上りエスカレータ」に乗っているのか、「下りエスカレーター」に乗っているのか、**という観点で業態を見ることが大切だということです。

そのために、まず考慮するべきなのは人口構造です。日本の人口は今、減少の一途です。それに加えて高齢化が急速に進んでいます。

たとえば石川県では、平成12年の人口から比べると、平成62年には約67パーセントになると言われています。秋田県だと42パーセントです。こうなると、サービス業自体が成り立たないと考えられます。今現在でも減少に歯止めがかからず産業が衰退しているのに、それよりも47パーセントになればどうなるかは明らかです。

大規模な戦争や震災がない限り、この人口動向の予測というのはほぼ間違いなく現実のものとなります。すると、この地域でこの事業をやって大丈夫なのかどうか、というのはある程度見えてきます。

もうひとつ、**社会の流れを考えることも大切なポイント**となります。

たとえば、少子高齢化が進む将来を考えれば、これからはお年寄り向けのビジネスが有望という見方もできるかもしれません。

しかし、実際には高齢者関連の福祉事業は、これから参入するには難しいともいわれています。これは、高齢者向けの福祉サービス事業の多くが制度ビジネス、つまり税金で賄われる補助金に根ざしたものだからです。

制度ビジネスは、法改正の転換期にビジネスチャンスが訪れることが多く、対応するには省庁との太いパイプや情報収集能力が求められます。また、財源が枯渇していくなか、今後は介護報酬もどんどん厳しくなる一方だというのが大方の見方です。

ただ、ますます高齢化が進むことは間違いありません。

今後はよほどの差別化が確立でき、確実に売上を確保できるようなものが必要になるでしょう。

このように人口動向と現状での社会状況、各家庭の消費動向などを合わせて考えれば、その業態の将来性はある程度予測ができるはずなのです。自分がやりたいこと、自分の適性と合わせて、時代の流れを読むことが、業態選びでは欠かせません。

❖縮小する市場の中で、成長する分野もある

これから先、全体的に人口が減少していく日本では、どんな産業も結局見込みがないではないかと、悲観する人もいるかもしれません。しかし、そういうわけではありません。市場は縮小していても、その中で伸びている業界もあるのです。また、逆に市場が伸びていても売上が下がっている業界もあります。

たとえば、塾の業界を例にあげれば、少子化が進んでいてこの先大きな成長が見込めないと考えられます。にもかかわらず、現在、塾の業界の中で、**個別指導の塾のマーケットだけは伸びています**。そう考えれば、今後もそんなに衰退することはないだろうと予測できます。

なぜなら、一般的に日本では、子供の教育費は最後まで削らない費目のひとつだからです。食事を多少ケチっても、子供は塾に行かせる家庭が多いのです。だからマーケットと

してそれほど小さくならないのではないかと言われています。

クリーニング業でも同様に、サービス内容によって明暗が分かれます。

ピーク時から比べると、衣類のクリーニング市場の規模は半分になっています。世帯収入が減ったとき、クリーニングが比較的切り詰めやすい費目であることは間違いありません。

そんななかで、ネットで注文する宅配クリーニングだけは売上を伸ばしています。ネットで注文をすると、即日集荷してクリーニング後、自宅に届けるというサービスです。インターネット内で完結し、1着から対応して送料も無料、料金もリーズナブルという手軽さが受けているようです。

共働きや子育て・介護が必要な家庭、勤務時間の都合で平日に店舗まで持ち込めなかったり、たまの休みを洗濯で時間を取られたくない独身者など、潜在的な需要を掘り起こしたことが成功につながりました。また、インターネットという新しい社会的インフラを介したサービスである点も注目されます。

このような市場分析は、FCビジネスを考える人にとって非常に重要なステップとなります。アンテナを高く上げ、世の中の変化と社会心理を的確に読む必要があります。

自分の目的を、もう一度確認

誰もがフランチャイズで独立開業を目指すとき、成功を夢見ます。しかし、**何をもって成功というのか。それは人によって違います。**

あるオーナーはハウスクリーニングの業態を選んだ動機を、
「人に雇われたくない。そして人を雇いたくない」
と話されました。

そういう希望を持つ人にとって、確かにハウスクリーニングはいい選択です。この業態は一人親方のような仕事です。黙々と自分の作業をしたい人が独立するのにはうってつけです。もしこのやり方で順調に利益を上げることができたなら、それはこの人にとっての成功ということになるでしょう。

一方、同じブランドを10店舗、20店舗と出店して、多店舗化していく人もいます。このブランドの品質、サービスに惚れ込み、その創業者の理念の下に事業を広げていきたいという人にとっては、このようなやり方で多店舗展開できることが成功なのです。

このタイプのオーナーの中には、関西で始めて東京や九州、四国にも出店するような人がいます。地域を分散することによってリスクヘッジになるという利点があります。

しかし、こういう経営形態を目指すなら、職人向けの事業は不向きでしょう。FC加盟店として展開していけばなおさら、本部の研修を受けて再現性のある技術を身につけた従業員が、一定期間後に自らオーナーとして独立していくこともあります。

そのため、同一ブランドでの多店舗展開を考えているのなら、最初からハウスクリーニングのような無店舗で開業できる技術系ではなく、飲食や小売りなど、店舗型の業態を選ぶべきでしょう。

同じように多店舗展開を目指すのでも、複数のフランチャイザーと加盟契約をして、いろんなブランドを扱っている法人オーナーもいます。「フランチャイズビジネスのメリット5」（45ページ）でも紹介した、メガフランチャイジーと呼ばれる加盟店です。

リスクヘッジという点では、ある業態がうまくいかなくても別の事業でカバーできるなど、メリットも大きいのですが、ビジネスセンスと管理能力、そしてしっかりとした経営基盤がなければなかなか難しい経営形態と言えるでしょう。

そのため、他業種での多店舗展開を考えるなら、どの業態から始めて、ある程度体力をつけたらどの業態に参入する等の事業計画を立てたうえで、各事業部の責任者となる人材も育てていく必要があります。

　このように事業によって目指す方向性が変わってくるので、自分の人生設計を立てる時点で、どの業態を選ぶかは重要です。**将来自分がどうなりたいかによって、業態選びも絞られてきます。**

❖本当に金銭メリットだけで選んでいいのですか？

　私のコンサルを受けるほとんどの人は、

「儲かる職種はなんでしょう？」

と質問してきます。新しくビジネスを始めるにあたり、儲かるかどうかを考えるのは当然のことです。しかし、金銭的なメリットだけを動機にすることはお勧めできません。**金銭以外に、本当に事業を興す動機はないのでしょうか。**

　本当にお金が稼ぎたいだけですか？

　今の仕事環境、将来性に不安があるからそう思っているだけではないですか？

　家族と共に過ごす時間がほしい。パートナーと一緒に仕事をしたい。「ありがとう」と言われたい……。仕事に求める目的はさまざまです。起業を考えるとき、そこをよく考えるべきなのです。それによって選ぶ業態もまったく変わってきますから。

私は起業相談を受けるとき、

「投資がやりたいんですか？　それとも社会貢献がしたいのですか？」

という質問を投げかけてみます。すると多くの人が、

「お金も欲しいけど、できれば社会貢献にもなる事業がしたいですね」

と答えます。

一時期、金・プラチナの買い取りビジネスは、収益を追い求めている人にとっては早い段階で高額収入に結びつきやすく、参入するオーナーが急増した時期がありました。

脱サラしたあるクライアントさんも、そんな一人でした。この方はご夫婦で、

「何かお金の儲かるフランチャイズビジネスを始めたい」

と言って私に相談してきたのです。儲かるということならと、買い取りビジネスを紹介しました。もちろん、その内容やデメリットも一緒に説明しました。それでも、

「とにかく儲けを出して安心したい」

と言うこのオーナーは、金銭的メリットを最優先に考えて、このビジネスを選びました。実際開業した結果、収益は予想以上にあがりました。

ところが、この業態は確かに儲けは出ましたが、その反面、盗難品等の対策で警察が立ち寄るなどのこともあり、今度はそこを悩まれていました。

業種・業態選びのポイント

その業種・業態の将来性を見きわめる

➡ 上りエスカレーターに乗っているのか、
下りエスカレーターに乗っているのか？

社会の流れを考える

➡ 高齢化が進むけれど、お年寄りビジネスが有望という
見方は安易すぎる

市場分析が大切、縮小する市場でも成長する分野もある

➡ 少子化が進むけれど、個別指導の塾のマーケットは
伸びている

何を目的に自分は独立開業したいのか、
もう一度確認する

➡ お金が稼ぎたい、パートナーと一緒に
仕事をしたい、
家族と共に過ごす時間がほしい……

◇自分のリソースを見つめ直し、しっかり自己分析をする

◇自分と家族が何を望み、何ができるのかを明確にする

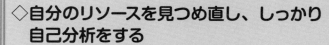

ビジネスを成功させたいという思いで、少しでも売上の上がりそうな業種を選ぶことはもちろん大切です。甘い考えでビジネスを始めることの危うさは、ここまでもさんざんお伝えしてきました。

でも、本当にお金さえ儲ければそれでいいのでしょうか。ここのところを、もう少し掘り下げて考えてほしいのです。

自分のビジネスが誰かの役に立っているという実感。

小さいながらも経済活動の一環として社会参加をしている充実感。

お客様やクライアントからの感謝の言葉。

そんなものもまた、仕事に向かう大きな原動力になっているのではないでしょうか。過去の成功体験は、もしかしたら売上実績だけでなく、このように仕事の中で感じる「やりがい」の記憶もあるのではないでしょうか。

お断りしておきますが、どんなビジネスでも、プラスの面もあればマイナスの面もあります。体を使うなら体がしんどい。ビジネスはトレードオフです。

私はあらためて、この方に「自己分析シート」をお渡ししました。

そうしてご自身が何をやりたいのか、資金がどのくらい出せて過去にどういう経験があるかなど、もう一度、自分のリソースを見つめ直すところからやり直すようにアドバイスしました。

しっかり自己分析をして、自分と家族が何を望み、何ができるのかを明確にする。その先に、独立起業で手に入る幸せの形が見えてくるのだと私は考えます。

❖今、注目の業種・業態

ここまで見てきたように、自身の適性に合った業態を見つけることは、成功するフランチャイジーへの第一歩と言えます。

それを踏まえたうえで、フランチャイズ専門コンサルとして**私が最も注目する業態は、「女性をターゲットにしている業界」、「ソーシャルビジネス」、「Ｒｅビジネス」**の３つです。これらについて解説していきましょう。

❖注目の業界①――女性をターゲットにしている業界

１９８０年代から言われてきているキーワードに「女性の社会進出」があります。

政府の調査によると、日本では妻が専業主婦の世帯より共働き世帯のほうが多くなっています。

安倍政権でも、アベノミクス３本目の矢「成長戦略」の中で、「女性が輝く日本」の具体的政策目標として示されています。その内容としては、

- ２０２０年の25歳〜44歳の女性就業率を73％にする（２０１２年68％）
- 「３年間抱っこし放題」で育児休業期間を子供が３歳になるまで延長／その後の職場復帰を支援
- ２０２０年の第１子出産前後の女性の継続就業率を55％にする（２０１０年38％）
- ２０２０年の男性の育児休業取得率を13％にする（２０１１年２・63％）
- 指導的地位に占める女性の割合を２０２０年までに30％程度にする
- ２０１７年度までに約40万人分の保育の受け皿を整備し待機児童解消を目指す

このように結婚・出産後の女性の復職を推進する課題が中心となっていますが、今後ますます労働力人口が減っていく日本の中で活躍する女性は、どんどん増加していく分野と考えられます。

そこで、今後の成長マーケットとして考えられるのは、**女性をターゲットにしている業態**です。

□家事代行

私が在籍していたハウスクリーニングチェーンも2000年当時は、「家のおそうじを業者に頼む」ということは、どちらかと言うと贅沢なサービスであり、50歳以上の方々からは、キッチンは女性の城というような言葉も聞かれ、家事のアウトソーシングに対して抵抗感がありました。

また、おせち料理なども、家で作るのではなく購入することなど贅沢だと言われていた時代でした。

ところが、女性が社会で活躍する現在においては、そのような抵抗感はほぼなくなってきました。

女性の社会進出がまだまだ増えることを考えると、**今後の成長分野として家事代行ビジネスは成長して行く**と考えられます。

家事代行のサービスには、定期的に自宅に訪問する家事代行のサービスから、専門型のハウスクリーニングや便利屋などさまざまなものがあります。

今後はますますニーズが細分化していくことが予想され、現状、社会問題になってきている病児保育などの分野なども注目です。

□フィットネス・健康関連

女性の社会進出に大きく関わってくる分野としては、フィットネス関連や美容の業界も注目されます。

フィットネス業界は、以前は大型の総合フィットネスジム業態が非常に人気がありましたが、時代の移り変わりを経て、この10年ほどの間に**対象顧客にマッチしたさまざまなタイプの小規模型のジム**が増えてきました。

具体的には、ホットヨガスタジオやピラティス、ストレッチサービスを提供する施設、女性専用サーキットジム、24時間営業のセルフサービス型ジム、成果をコミットするタイプのジムやオンライン上でサービスを提供するジムなどです。

それぞれが、ベネフィットを絞り込んだ小規模業態を多店舗展開しています。

日本は海外と比べてまだまだフィットネススタジオの施設数が少ないことからも、女性の就業率向上を考えると、今後も成長分野として考えられるのではないかと思います。

❖注目の業界②――ソーシャルビジネス／高齢化に関わる分野

少子化高齢化、育児・教育問題、引きこもり・ニート支援、障がい者支援、環境保護、貧困問題、地域コミュニティ再開発など、解決されなければならない社会的課題は数多くあります。

それらをビジネスの手法で解決していく活動のことを「ソーシャルビジネス」と呼びます。以前であれば、こうした課題の解決は国や地方自治体、ボランティアが担ってきましたが、時代の変遷とともにさまざまな社会的課題が顕在化、複雑化し、従来の取り組みでは解決が難しくなっています。

そこで、**社会的課題を解決する新たな手法として近年、注目されているのがソーシャルビジネス**です。

ソーシャルビジネスのなかでも特に注目されているのは、「**高齢化に関わる分野**」と「**障がい者に関わる分野**」ではないでしょうか。

まずは、高齢化に関わる分野を説明していきます。

内閣府の発表によると高齢者人口は、「団塊の世代」が65歳以上となる2015年には3395万人、75歳以上となる2025年には3657万人に達すると見込まれています。その後も高齢者人口は増加を続け、2042年に3878万人でピークを迎え、その後は減少に転じると推計されています。

総人口が減少するなかで高齢者が増加することにより、高齢化率は上昇を続け、2035年には33・4パーセントで3人に1人が高齢者となります。

2042年以降は高齢者人口が減少に転じても高齢化率は上昇を続け、2060年には39・9パーセントに達して、国民の約2・5人に1人が65歳以上の高齢者となる社会が到来すると推計されています。

高齢化が進んで高齢者が増えれば、介護や医療などの社会保障関係の費用はどんどん膨らみます。そうした状況に対して、国は介護制度の改正により介護報酬を引き下げたりして社会保障関係の費用を減らしてきています。それでも高齢者の人数が増えたことで、社会保障関係の費用は増えているのが現状です。

団塊の世代が後期高齢者になりはじめる2020年代には、社会保障関係費はさらに増えていきます。そこで財務省は、今から予算を絞り込んできているというのが現実でしょう。

高齢者はますます増えていき、高齢化率もますます伸び、**高齢者に向けたマーケットが拡大していくのは間違いありません。**

今までの高齢者マーケットは、介護保険にからめたビジネスが中心でしたが、**今後は介護保険プラス自費でのサービスが成長していく**ことは、疑いようがない現実なのではないでしょうか。

❖注目の業界③――ソーシャルビジネス／障がい者を対象としたマーケット

私が注目しているもうひとつのソーシャルビジネスが「障がい者に関わる分野」です。高齢者向けの小規模デイサービスがフランチャイズ展開によりマーケットを拡大したように、**障がい者に関わる事業が今、成長しています**。

障がい者の雇用や権利を定めているものとして、国際的には障害者権利条約があります。日本は２０１３年12月４日に、この条約を批准しました。

諸外国と比べて日本が批准に遅れた理由は、「人権の保障はただ単に正義とか道徳だけでなく、国内の法レベルできちんとルール化していくことが非常に大切」であり、そこまでの法制度として障害者基本法（２０１２年5月21日施行）や障害者差別解消法（２０１３年６月19日成立）が整うまでに時間がかかったことが大きいようです。

そうした意味で、現状、日本では障がい者に対する制度がまだ整備段階ということもあり、各施設が足りていないのが現実なので成長マーケットと考えられるでしょう。

また、日本では労働力問題が大きな関心を集めています。その解決策としても、今後の成長産業と考えられると思います。

障がい者が関わる事業の中でも注目される事業は次の二つです。

□放課後等デイサービス

２０１４年~15年で、最も新規参入が増えた業界を考えた場合、おそらく障がい児の放課後等デイサービスではないでしょうか。

放課後等デイサービスとは、平成24年4月に障害者自立支援法改正によって創設された認可事業です。学校通学中の障がい児に対し、放課後や夏休みなどの長期休暇中に、生活能力向上のための訓練等を継続的に提供することにより、学校教育と相まって障がい児の自立を促進するとともに放課後等の居場所づくりを推進する施設です。

利用者は通所受給者証の交付を受けることで、自己負担が少なく利用可能でできるサービスです。わかりやすく説明すると、障がい児を放課後や長期の休みの際に預かる学童保育と考えてください。

日本の現状としては、少子化で小・中・高校の普通学級の人数は最近10年間で24万人以上減少していますが、特別支援学校の児童・生徒数は25パーセント増、特別支援学級では56パーセントも増加しています。

その結果、全児童・生徒に占める特別支援学級や特別支援学校に通う子どもの割合も０・

85パーセントから1・4パーセントに増え、知的障害者対象の療育手帳発給数（18歳未満）も1997年の11万7178冊から、2005年は17万3438冊と47パーセントも増加しています（東京新聞より抜粋）。

このように障がい児の数は増えており、**ますますマーケットは成長して行く**と考えられます。

この事業のFC本部もでてきていますが、基本的に制度ビジネスのために活用しているものは一緒ですが、管理者やスタッフへの教育制度、利用されるお子さんに対してのカリキュラム、集客ノウハウなどは本部によって大きく変わってきます。

制度ビジネスなので制度変更などのリスクはありますが、**社会性と経済性の両輪を満たす事業**と言えるでしょう。

□障がい者就労支援事業

今後の労働力問題を考えるにあたり注目したいのが、障がい者と企業を結びつける就労支援の事業です。

こちらはすでに事業を営んでいる企業の参入が非常に多くなってきています。

就労支援事業とは、通常の事業所に雇用されることが困難な障害者に就労の機会を提供するとともに、生産活動その他の活動の機会の提供を通じて，その知識および能力の向上のために必要な訓練を行う事業をいいます。雇用契約を結んで利用する「A型」と、雇用契約を結ばないで利用する「B型」の2種類があります。

日本は人口減少社会に突入しています。これからますますの超高齢化社会が予想され、労働力問題は非常に大きな問題となっています。その対策としては高齢者雇用、女性の雇用、移民を受け入れて外国人の雇用、障がいを抱える方々の雇用があげられます。

そこで注目を浴びているのが、障がい者の就労支援事業です。

就労継続支援A型事業と就労継続支援B型事業の主たる違いは、雇用契約の有無、つまり、事業者と利用者の雇用関係が成立しているかいないかという点です。工賃はA型にもB型にも支払われます。

A型事業の対象は「通常の事業所で雇用されることは困難だが、雇用契約に基づく就労が可能な方」で、B型事業の対象は「通常の事業所で雇用されることは困難で、雇用契約に基づく就労も困難な方」になります。

現状での就労支援事業の課題は、事業所へ通う利用者へ提供する仕事の提供が十分にできていない事業所が多いことがあげられます。逆に、**提供できる事業を自社で持っている企業にとっては非常に魅力的な社会貢献事業**と言えるでしょう。

今後は、ここにグループホームや相談支援事業等とからめた事業が出てくるのではないかと予想されます。

注目の業界④――キーワードは「Reビジネス、サスティナブル社会」

Ｒｅビジネスとは、

「Ｒｅｎｔａｌ（レンタル＝物の貸し借り）」

「Ｒｅｕｓｅ（リユース＝繰り返し使い続ける）」

「Ｒｅｐａｉｒ（リペア＝修理する）」

のことを言います。


Ｒｅｎｔａｌ（レンタル）のビジネスは、ビデオレンタルをはじめ以前から大きく展開している本部もありますが、最近では**着物のレンタルやミシンのレンタル、レンタルボックスなど、サービスが多様化**しています。

Ｒｅｕｓｅ（リユース）のビジネスでは、これまで**金・プラチナ、チケット、コイン、切手などが主流でしたが、今後は洋服など**も増えていきそうです。

現代は物があふれている時代です。さらに２００８年のリーマンショック以降の節約志向や、東日本大震災以前は中古品のリユース商品に抵抗感があったものが徐々にそれがなくなってきたこと、スマートフォンの普及により個人の売買が増えたことになどで、マーケットは成長しています。今後もこの傾向は続くと考えられます。

また、Ｒｅｐａｉｒ（リペア）に関しては、最近、サスティナブル社会（持続可能な社会）という言葉をよく聞くようになりました。これは、ただ物を消費するのではなく、環境問題やエネルギー問題に配慮しつつ社会を継続・成長させていこうという考え方です。

そうしたトレンドからも**車、家、襖、障子、網戸、イス、テーブル等の家具や洋服など、さまざまなリペアサービス**が始まり、レンタル業界と同様に多様化が進んでいます。

消費者側のニーズも東日本大震災以降、少しずつ「良いものを長く使う」という方向に変わってきています。今後もこの傾向は続くと考えられます。

第4章

本部選びが成功のカギ

❖本部選びは結婚相手を選ぶのと同じ

ＦＣビジネスで起業を考えるあなたは、５年後、どうなっていたいですか？豊かな収穫のときを迎えたいのか、それとも干からびて荒れ果てた畑で立ち尽くしたいか。後者を望む人はまずいないでしょう。では、実りある未来を手に入れるにはどうしたらいいのでしょうか。

その答えは、最適なフランチャイザー（フランチャイズ本部）を選ぶことにほかなりません。**フランチャイズビジネスを成功させるために最も大切なのは、将来性があって、成功率が高く、自分にぴったり合った本部と巡り会うこと。**

成功した加盟店オーナーに聞くと、口をそろえて言います。

「あのとき、この本部に出会わなかったら、今の成功はなかったでしょう」

よい本部との出会いはそのくらい運命的であるという意味では、ちょっと結婚と似ています。

結婚相手を探すとき、たとえばお金があるからとか、可愛いからとか、そういう条件「だけ」で選んでしまうと危険です。また、「ビビッときた！」などと直感「だけ」で決めてしまうのも同じように危ないのです。

恋愛ならば、いきなり恋に落ちるというのもありでしょう。でも、結婚相手となると、継続して生活をともにして、家族を一緒に作っていかなくてはなりません。長い結婚生活の中では、良いときも悪いときもあって、そのときどきに心を合わせて問題に立ち向かっていかなくてはなりません。お金だけで結びついた結婚が破綻しやすいのは当然のことです。

もうひとつ重要なのは、結婚が**決して一方通行ではない**ことです。

自分が相手を選ぶのと同時に、相手もまた、これから先、長く共に歩む自分をパートナーとして認めてくれなければ成立しません。

では、「選ばれるパートナー」になるには何が必要でしょう。

条件はいろいろあり、本部によって違いはあるかもしれませんが、まず共通して求められるのは、当然ながら資金があるか、ということです。

自分（フランチャイズ本部）のことを十分理解してくれているのか、信頼できる人間性かという点も、結婚相手に望む条件と似ているかもしれません。

そのほか、業態や本部の方針によって変わりますが、どこで開業するかという立地的な条件も入ってくることがあります。

「結婚したら、ちゃんと九州に来てくれる人」というお見合いの条件と近いかもしれません。

そうやってお互いの条件が折り合ったとき、幸せな結婚は成立し、幸せな生活が続くわけです。

FCビジネスを志す人にはぜひ、人生のパートナーを選ぶのと同じくらい**真剣に本部を選んでください**。そして、本部から安心してビジネスを託せるパートナーであると思われるように、しっかり準備を整えて独立開業に臨んでください。

❖まずはネットで情報収集

それでは、具体的に本部を選ぶには、どうしたらいいのでしょうか。

まず、経済産業省と一般社団法人日本フランチャイズチェーン協会（Japan Franchise Association／ＪＦＡ）が公開している「ザ・フランチャイズ」（http://frn.jfa-fc.or.jp/）というホームページを見てみましょう。このサイトでは、**各チェーン本部の事業概要や契約内容をデータベース化して公開しています**。

トップページから「本部の概要（情報開示書面）」にいくと、ＪＡＦフランチャイズガ

本部選びのポイント

本部選びは結婚相手探しに似ている

→ 自分が相手を選ぶのと同時に、相手からもパートナーとして選ばれることが必要

1. まずはネットで情報収集
2. フランチャイズ展示会に出かけてみる
3. 候補を絞り込んだら、そのＦＣチェーン店を利用してみる
4. 加盟資料を本部に請求する
5. 電話でアポイントを取り、本部を訪問する

◇本部選びの重要ポイント＝「本部の理念」にどこまで共感できるか？

- **本部の理念に共感しているオーナー**
  熱心に粘り強くビジネスに取り組める
- **本部の理念に共感していないオーナー**
  本部にすぐ「話が違うじゃないか」とクレームを入れる
  →本部から熱心にサポートしてもらえず、成功の確率はガタッと落ちる

イドという情報開示書面のページが開きます。そのページには、「小売業」「外食業」「サービス業」の３つのカテゴリーに分かれた31の業態がリストになっています。

ここから興味のある業種を選んでクリックし、その分類に該当するフランチャイズチェーン名のリストにいきます。このリストの中からチェーン店名をクリックすると、**その本部が提示する「フランチャイズ契約の要点と概要」の書面を見ることができます。**

この書面は、「中小小売商業振興法」「中小小売商業振興法規則」「フランチャイズシステムに関する独占禁止法上の考え方について」にしたがって、各本部が作成したものです。フランチャイズ本部の経営母体と本部の概要（年度ごとの売上高や店舗数の推移を含む）、加盟金、加盟条件など契約の要点、商品・サービス、商標等が記されています。

合わせて、ＪＦＡが運営するフランチャイズ情報のポータルサイト「ＪＦＡフランチャイズガイド」（http://fc-g.jfa-fc.or.jp/）も参照してください。

これらを見れば、自分の希望する業態の本部と、その概要を知ることができます。

それ以外にも**ネットで検索すると、アントレ、ＦＣ比較ネット、ＦＣウェブリポート、フランチャイズ情報サイトがいくつもヒットします。**こうしたサイトの中には「エリアから探す」「業種から探す」「予算から探す」など、自分の希望にそったページをクリックしながら本部情報を探すことができるものもあるので、活用してみましょう。

また、**フランチャイズ情報サイトが主催するセミナーに参加してみるのもいいでしょう。**私もよく登壇することがありますが、「FC本部選定や加盟のポイント」をわかりやすく説明してくれるセミナーなどは、本部選びに役立つヒントをたくさん提供してくれるはずです。

こうしたセミナーは、ほかにも「FCビジネスとは」「現役加盟オーナーの声」「各業界マーケットの現状」「資金関係について」など、さまざまなテーマで随時開かれているので、フランチャイズ起業を考えているのならチェックしてみるといいでしょう。

フランチャイズ展示会に出かけよう

本部を選ぶ段階で、**フランチャイズ展示会に出かけてみるのもよい方法**です。

これは、さまざまなフランチャイズ関連企業が主催している合同加盟説明会のようなものです。フランチャイズ起業が注目されてくるにしたがって各地で開催されるようになり、東京ではほぼ毎月、どこかで開催されています。

よく知られているのは、

- 日本経済新聞社「日経FCショー」

・リクルートアントレ「アントレ独立開業ツアー」
・フランチャイズ比較ネット「FC&企業・独立フェア」
・フランチャイズの窓口「フランチャイズEXPO」
・マイナビ「マイナビFC&独立・開業EXPO」

などです。これらから情報収集を行いましょう。ほかに、私もコラムを書いていますが「FC比較ネット」や「FCウェブリポート」も情報収集には便利です。

展示会に出向くと、一度に何件もの本部担当者と話をすることができます。前に述べた「結婚相手を選ぶのと同じ」のたとえで言えば、展示会は「お見合いパーティ」に近いかもしれません。

たくさんの相手と一度に会えるのは、時間的な効率を考えればとても有効かもしれません。ただし、**注意しなくてはならないこと**もあります。

お見合いパーティでの相手への対応が、一対一のお見合いよりどうしても雑になりがちなのと同じように、展示会でいろいろな本部担当者と話しているうちに、チェックするべきことを流してしまうことがあるかもしれません。

そこで、ある程度自分が何をしたいのか、どんな適性・キャリアがあって資金はどのくらいあるのか、現状で何ができるのかを把握してから出かけましょう。加盟店開発のやり手営業マンの言葉にのせられ、気がついたら適性に合わないFC本部と契約してしまった、などということもありがちです。

フランチャイズ展示会に行くと、有益な情報や出会いがたくさんあります。もしかしたら、人生を変えるきっかけを見つけられる可能性もあります。だからこそ**出かける前に、まず前章の自己分析シートを書き込んでみる**ことをお勧めします。

あらためて自分の適性、やりたいこと、できることをしっかり把握して、来るべき出会いに備えておきましょう。

❖ファーストコンタクトのポイントは

ネットなどで資料を集めて、ここぞという加盟候補本部を絞り込んだら、**実際に加盟を視野に入れてFCチェーン店を利用してみる**のもいいでしょう。

取り扱う商品やサービスを実際に購入して、本当に自信を持ってお客様に提供できるクオリティか、自分が心底好きで取り扱うことができるのかを試してみるのです。業態によってはひとつのチェーン店ではなく、数店をまわってみると、その加盟店舗のクオリティか本部のクオリティなのかがはっきりわかって、より確信が持てるでしょう。

資料を精査し、実際のチェーン店を確認したら、本部を訪問します。

本部に電話を入れ、加盟店開発担当者につないでもらい、訪問したい旨を告げてアポイントを取ります。

当たり前のことですが、訪問時はきちんとした服装で時間厳守、質問などはあらかじめ用意して聞き漏らしのないようにしましょう。

同時に、対応する担当者の態度や話す内容、本部の事務所の整理整頓、働いている人たちの様子なども、さりげなくチェックしてみます。この人たちと一緒に、このチェーン店もりたてていけるかどうか、**最初の印象はとても大切**です。

それでは、資料を読み、本部にコンタクトを取り、本部担当者と話すなかで、どういうところをチェックしたらいいのかを考えていきましょう。

❖本部の理念にどこまで共感できるか

FC本部選びのポイントの中でも、「背骨」とも言うべきビジネスの芯が「本部の理念」です。ここに共感できるかどうかで、フランチャイザーとフランチャイジーとの関係は大きく変わってきます。

FCビジネスとは、本部の掲げる理念やミッションに共感した人たちが加盟して作り上

げる理念共同体です。本部と個々の加盟店はお互いの関係性を保ちながら、成功に向けてビジネスを展開するパートナーである以上、まず価値観をともにして、理念を共有することは大前提なのです。

ところが、この大切な背骨を疎《おろそ》かにするフランチャイジーがいるのも事実です。安易に「安く開業できるから」とか「儲かりそうだから」という理由で加盟するのは、結婚の例で言えば、「お金持ちだから」「可愛いから」相手を選ぶようなものです。

そこに愛はいらないのか、と問いたいのです。

そういう選び方をしたオーナーは、どうなるでしょう。

こういう動機で入ってきた人は、本部の理念や事業の社会的な意義について思い入れを持ちません。本部の理念に共感して、この事業の価値を自覚しているオーナーと比べ、どちらが熱心に粘り強く商売に取り組めるかは明白です。

そして、金銭的な動機だけで加盟したオーナーは思ったような売上が上がらないと、すぐ本部に、

「話が違うじゃないか」

とクレームを入れてきます。**クレームの多いオーナーに対しては、本部のスーパーバイザーや担当スタッフも親身になろうとは思いません**。必要な情報がもらえなかったり、そ

の店の営業や経営を熱心にサポートしてもらえなかったりするかもしれません。

オーナー自身、もともと事業内容に思い入れがないので、うまくまわらなくなれば、すぐに見切りをつけて撤退しようとします。これだけで成功の確率がガタッと落ちるのは明らかです。

たまたま運よく最初の開業がうまくいった場合でも、価値観を共有するオーナーとしないオーナーでは、その後の展開は大きく変わってきます。

本部の理念に共感しているオーナーは、

「この素晴らしいビジネスをほかの地域でも提供しよう」

と考えて、同じ内容の業態を横展開することを考えます。一方、自分の事業内容に価値を見いだせないオーナーは、

「何かほかに儲かりそうなビジネスはないか。もっとおいしい商売はないか」

と、すぐに他の業態に目を向けようとします。

2店目を出すとき、再びまったくゼロの状態から事業を立ち上げるのと、1店目で培ったノウハウや評判を足がかりに隣接地区で次の店舗を立ち上げるのでは、どちらが成功の確率が高いかを考えてみてください。

本部も最初の店舗を成功させ、2店舗目、3店舗目と展開していくオーナーに対しては

信頼を寄せ、有力な加盟店として発言力も増していくでしょう。

もちろん、リスクヘッジでいくつかの違った業態を展開するという考え方もあります。

しかし、ビジネスの成功確率という意味では、2店目はまだ横展開するほうがずっと確度が高いのです。しっかりした戦略を立てずに、目移りするように他業種へ参入するオーナーでは、2店目を成功させることは難しいと言わざるを得ません。

結局のところ、本部の理念に共感して加盟したオーナーは、その理念を共有できる本部スタッフや加盟店仲間とともに、**心から取り組める使命感の中で業績を積み重ね、金銭的にも結果を残していく**ことができるのです。

本部のスタッフが熱く理念を語れるか

本部の理念に共感したら、実際にその**理念がどの程度社内全体に浸透しているか**にも注意してみましょう。

社内全体、そして加盟店の端々にまでこの理念が浸透しているような企業は、ブレがなく、対外的なブランドイメージもはっきりと打ち出しています。

私が直接関わったフランチャイザーではないのですが、たとえばハンバーガーチェーンのモスバーガーなどはその典型です。

　ここのフランチャイジーは、加盟が認められるまでに半年から1年くらいかかるそうです。本部でオーナーの面接があり、近くのオーナーとの面接もあり、レポートの提出があり、たくさんの目を通して、

「この人なら仲間に入れても大丈夫」

というお墨付きが得られて、はじめて加盟できるそうです。それほどまでに企業文化を大切にしているからこそ、外食業界が一斉に格安路線に流れたときにも独自の道を歩んで、結局そこが評価されて今も生き残っているのだと考えられます。

　ここまで慎重に加盟店を厳選するところはそれほど多くはありませんが、たとえば、加盟店開発の担当者と少し話すと、何を売りに加盟を勧めてくるかで、**その本部の企業理念はある程度見えてきます**。

　最初から最後までお金のメリットばかりを話す担当者なら、その本部もおそらくそこを最重要点に据えた経営を行っているのだと想像できます。逆に、話の端々に経営者の経営理念や価値観が、矛盾なく顔を覗かせているような担当者なら、全社が一丸になって経営者の思いを体現しようとしていることがうかがえます。

❖そのフランチャイザーはどのステージにいるのか？

本部の選び方として、そこがどのステージにいるかということも大切なポイントです。今現在、日本フランチャイズチェーン協会が把握しているFC本部は１３２１社、小さいものまで入れると４０００～５０００はあると言われています。これからますますFCビジネスが注目され、多くの企業がFC展開を視野に入れて本部を構築していくと思われます。

それらの企業の中には、まだ加盟店が数店舗、極端な例では直営店が1店舗もないというところもあります。これからFC本部として加盟店を募り、自身のビジネスを大きく展開しようという段階の本部は数知れません。

その一方で、加盟店が１０００店舗以上を数えるフランチャイザーも多数存在します。街角ごとに店を出すコンビニエンスストアや、どこの県道沿いでも見かける飲食店など、日本全国に加盟店を持ち、名前を言えば「ああ、あの店ね」というくらい浸透している大企業です。

それらをすべてひとまとめに「フランチャイズ本部」と総称しています。しかし、当然ながら**本部の企業規模も加盟店の数もさまざま**です。ここでは、加盟店の数で本部のステージを分けて、それぞれの特性について考えてみましょう。

- 第1ステージ　加盟店が1～30店舗
- 第2ステージ　加盟店が30～100店舗
- 第3ステージ　加盟店が100～300店舗
- 第4ステージ　加盟店が300～1000店舗
- 第5ステージ　加盟店が1000店舗以上

フランチャイジーにとっては、その本部がどのステージにいるかによって、それぞれメリットとデメリットも大きく違ってくるのです。

私がセミナーで説明するときは、船旅をたとえに出します。旅行者がその船旅にどんな客船を選ぶかによって、旅の楽しみとリスクがまったく違ってきます。

第1ステージの本部は、いわば**手漕ぎボートのようなもの**です。船旅と言うよりは冒険と言ったほうがいいかもしれません。

この段階の本部は、直営店としていくつかの成功事例は持っているかもしれません。しかし、加盟店の成功事例はこれからというところがほとんどです。フランチャイジーに対してケアができるだけのノウハウもサポート体制も構築中なので、しっかりとしたマニュアルを期待することはできません。

ただし、このステージの本部の場合、「すでに加盟店が存在するため、このエリアでの開業はできません」ということはほとんどありません。その面ではある意味、非常に魅力的にも見えるステージかもしれません。

もちろん、魅力的に見える分、リスクと表裏一体であることを知っておいてください。

第2ステージで、ようやく加盟店の成功事例がいくつか出てきます。それでもまだ本部として、加盟店をしっかり支えるだけの成功事例は持っていません。資金的な体力も弱いため、運営サポートが手厚いとは言いがたい状況です。

船で言えば**小型クルーザーくらい**でしょうか。この段階で十分に加盟店の成功事例を出せない本部は、その上のステージに進むことは難しいでしょう。安定感はまだまだですが、浅く小さな入り江にまで入り込むことができ、小回りがきくため、本当の海好きにはこたえられない魅力があるのも事実です。

私がフランチャイズ本部を選ぶ際に、ひとつの**ポイントにしている店舗数は１００店舗**です。

１００店舗まで達している本部の場合、ある程度のノウハウや成功事例等があると判断してよいかと思います。なぜなら、１００店舗というのはノウハウや成功事例が乏しい本部ではなかなか到達できないハードルだからです。

仮に加盟店開発に非常に強い本部だとしても、成功事例が少ない状態で１００店舗までいくのは難しいと言えるでしょう。その場合、80店舗くらいまでは順調に推移したとしても、売上不振などを理由に加盟店の解約が出て、結局、30店舗くらいに落ち着いている本部も多くあります。

つまり、１００店舗の既存店舗があるというのは、成功事例がそれだけあるということになるのです。

第3ステージは、フランチャイザーとしてそこそこの成功事例を積み重ね、万全とはいかないまでも、本部の体制もようやく整い始めている状態でしょう。システムの整備やスーパーバイザーの人員の補強などが強化されるのも、このステージからです。

私のクライアントでも多くはこの規模です。

加盟店がこのくらいの店数になると、さまざまなケースに即した事例（成功事例・トラブル事例）が生まれ、加盟店もＦＣビジネスのメリットを実感できるレベルになってきます。

フランチャイズ本部　4つのステージ

第1ステージ　**加盟店が1～30店舗**
手漕ぎボート　「船旅」というよりも「冒険」
ただし、有力なエリアへの出店が可能

第2ステージ　**加盟店が30～１００店舗**
小型クルーザー　安定感はないけど、小回りがきく
運営サポートが手厚いとは言いにくい

第3ステージ　**加盟店が１００～３００店舗**
中規模の客船　船旅らしい船旅を楽しめる
フランチャイズビジネスのメリットを実感できるレベル

第4ステージ　**加盟店が３００～１０００店舗**
大型客船で少々の嵐には動じない
マニュアルが固まり、サポート体制も万全に整う

第5ステージ　**加盟店が１０００店舗以上**
動くホテルのような豪華客船
このステージにある本部は日本で30社ほど

□成功したオーナーは、成功実例をたくさん持っている第３ステージ以上の本部と契約を結んで成功を手に入れた人がほとんど

□アーリーステージの本部のメリット

・加盟金やロイヤリティの負担が低い

・有力なマーケットやエリアに出店しやすい

そうした点では、このステージになって、ようやく中規模の外洋航行用の客船程度の装備と設備で、**船旅らしい船旅を楽しむことができる船**といったところでしょうか。

第4ステージにいる本部は、きっちりとマニュアルが固まり、サポート体制も万全に整い、本社自体の体力もまず安全だろうという段階にきています。旅費はかかりますが、それに見合った楽しみを提供され、**少々の嵐には動じない安定感**も約束されています。

第5ステージは、運営マニュアル、サポート体制はもちろん、出店ノウハウまですべて整い、まったくの素人が参入しても安心してスタートできる材料が提供される段階です。船旅で言えば、動くホテルのように居住性、食事からエンターテインメントまですべてが手厚く完備されている**豪華客船**といったところでしょうか。このステージにある本部は、日本で現在30社ほどです。

ある成功したメガフランチャイジーに話を聞いたところ、

「**私は100店舗以下の本部には加盟しません**」

と明確な方針を話してくれました。

このような考え方をする人は多く、よほど事業に確信を持てる場合でなければ、アーリーステージの本部を選ぶメガフランチャイジーは少ないというのは事実です。

成功したオーナーは、よりリスクの低い、成功実例をたくさん持っている再現性の高い第3ステージ以上の本部と手堅く契約を結んで、現在の成功を手に入れた人がほとんどなのです。

私も、基本的には加盟店が100店舗以下のアーリーステージの本部はたしかに魅力的ですが、慎重に検討することをお勧めしています。実はコンサルの立場から見ると、100店舗どころか、300店舗の状況でも、まだ本部の体制が整っているとは言いがたいのです。

この段階の本部で**いちばん手薄になりがちなのは、サポート体制**です。

本部は加盟店に対して、オープンして早い段階で売上が上がり、お客様が安定して増え続けるようなノウハウを提供していかなければならないのですが、そのノウハウの充実度は、いかに試行錯誤の経験値を積んできたかによるのです。その点で店舗数の少ない本部は、どうしてもサポートの質に差が出てしまいます。

すると、成功事例はなかなか出てきにくくなります。成功事例が出てこなければ、本部が大きくなることも難しくなります。結果として、第3、第4ステージの本部に比べてアーリーステージの本部に加盟して成功する確率は下がるのです。

こういう話を聞くと、フランチャイジー希望者は、やはり店舗数が多い本部を選ぶべきだと考えることでしょう。

❖アーリーステージの本部は避けるべき？

前項のような説明をすると、誰もが豪華客船に乗りたいと言うかもしれません。

たしかに、はじめて独立起業に挑む人には、第４ステージ、第５ステージにいる本部のほうが、アーリーステージの本部より加盟店を成功させるための環境が整っているので成功する可能性は高いと言えます。

ただし、アーリーステージの段階にいる本部が、ＦＣ加盟にまったくお勧めできないかというと、実はそれも人それぞれなのです。

加盟店が30店舗にも満たないようなＦＣ本部は、まだ事業展開を始めたばかりで、ノウハウの積み上げがありません。この段階の本部が最もほしいのは、なによりも加盟店の成功事例なのです。

ＦＣビジネスの場合、成功事例がない本部は１００店舗をこえることはないと言われています。100店舗以下の加盟店はすべて、必死になって成功実例を作っている途中です。

そのため、ほかの成功しているFCチェーンに加盟するより、**加盟金やロイヤリティの負担を低く設定してあるところも多い**のです。本部が成長するにしたがって、加盟金などは上がっていくのが一般的です。

また、フランチャイズを始めて1店舗目から5店舗目くらいの超アーリーステージにいる本部は実例作りに必死ですから、加盟店に対してとても熱心にサポートをしてくれるという利点があります。

マニュアルもノウハウも発展途上にあります。その不十分なところを熱心さで補うように、加盟店とともに成長していこうという気持ちでつき合ってくれるところも少なくありません。加盟点が少ないぶん、本部の経営陣と加盟店が近い関係にあり、風通しのいいことも多いようです。

もうひとつ、アーリーステージのFCチェーンに加盟する利点として、**有力なマーケットやエリアに出店しやすい**ということがあります。

フランチャイズの創業期には、まだ加盟店が少ないため、立地がよく、自分の生活圏とアクセスのいい有力エリアや、あとあと多店舗展開しやすいエリアを選びやすいのです。なので、事業があたったときには大きく展開することもあり得ます。

アーリーステージの本部に加盟するなら、まったく知らない業態ではなく、ご自身のキャリアの中でよくわかっている業態、業界を選び、一緒に作り上げていくという気概を持って参入することをお勧めします。

アーリーステージの段階で成功実例がどんどん出てこなければ、本部が大きくなることは難しいのです。先ほども述べましたが、30店舗のときに100店舗になっても耐えうる本部体制の構築をスタートできていない本部は、60店舗から80店舗くらいで不思議なほど展開がとまり、解約が出て30店舗くらいの規模に戻ります。

つまり、30店舗の時点ですでにある程度の成功実例を構築していなければ、その後、一時的にはよいように見えても、結局、100店舗の壁をこえることは難しいのです。

このような本部への加盟を検討しているのなら、早い段階でどこまで成功例を集め、本部体制をしっかり作り上げているかを見極めることがポイントと言えるでしょう。

❖こんな本部は要注意

FC本部の中で、ときどき**直営店をまったく持たないところ**があります。そういう本部は、まずお勧めできません。

自社のビジネスをフランチャイズ化しようと考えたとき、普通は自分のところでどのくらいできるか、直営店の成功実例を積み上げることから始めます。そうやって2店、3店と直営店を広げて、いわばそこを実験店としてノウハウを構築したうえで、フランチャイズ化するのです。これが一般的なフランチャイズのセオリーと言われています。

直営店のない本部は、最初から加盟店が実験台のようなものです。

通常、直営店を運営するのは本部の社員です。FCオーナーは独立した事業主なので、ビジネスに向かう熱意と切実さが社員とは全然違います。そこで、最初からオーナー制にして経営させたほうが数字が上がるという考え方で、FC店を見切り発車してしまう本部があるのです。

商品によってはある程度成功するかもしれません。しかし、これで大きく成長したFCチェーンは、私の知る限りありません。

また、開業しようと考えている土地が、業態の性質上立地が悪く、成功を見込めないような場所でありながら、本部の考え方によっては加盟させてしまうことがあります。

これもお勧めできない本部です。

なぜなら、加盟実績を伸ばし、加盟金を取ることだけを考えて、その後の経営がうまくいかなくても**我関せずという姿勢の表れ**だからです。

アーリーステージの本部を選ぶときには、このような観点からも本部の真意を見極める必要があります。

直営店と加盟店の売り上げ実績が、あまりにもかけ離れている本部も要注意です。

ビジネスのノウハウとフランチャイズ経営のノウハウは同じではありません。この場合、直営店のマンパワーに依存していたり、教育制度がうまくいっていなかったり、サポート体制が整っていないなどの問題点が隠れているかもしれません。

❖柔軟な経営姿勢が感じられるか

しばらく前、世の中がなんでも安売りに流れた時代がありました。ファーストフードでは、１９９８年にマクドナルドが打ち出した「平日半額セール」が外食産業に大きなインパクトを与えました。

その時期、私の勤めていたハウスクリーニングの本部では、これにならって平日半額セールを行いました。その結果、客単価は下がりましたが注文件数は激増しました。インパクトは絶大でした。

ハウスクリーニングサービスについて、

「頼みたいけど高いのではないか」
という印象を持つ人は少なくありませんでした。しかしおかげで、
「ちょっと試しにやってみよう」
という人が増え、結果的にはハウスクリーニングの知名度を上げ、クライアントを増やす成果につながりました。

一部の裕福な家庭や不動産物件でのみ利用されていたハウスクリーニングサービスはその後、時代のニーズにも乗って客層を広げることができました。

こんなふうに、**他業種からもらったヒントを自身のビジネスに取り入れる**ことのできる企業は、時代の変化や思わぬ逆風の中でも生き延びる確率が高いと思います。

加盟店として長くつきあうことになる本部を選ぶとき、こんな視点を判断材料のひとつにしてもいいかもしれません。

❖オーナー同士の連携はあるか

独立開業したＦＣオーナーが、同じＦＣ傘下にいる他の加盟店と、どんな関係でいるのか。これは、本部事業所によってまったく違ってくるのです。

フランチャイズ起業を考えた時点で、**目星をつけた本部と、そこから紹介してもらった加盟店を訪問して話を聞き、情報を集めることは必須**です。本部と加盟店、両方から話を聞いて、それぞれの経営理念に隔たりがないか、本部とオーナーとの関係はうまくいっているのかをチェックします。

開業した後の加盟店同士の関係もまた、本部によってずいぶん違ってきます。

たとえば、モスバーガーのように加盟店のつながりが強固で、本部が同じ地域に新しい加盟店をオープンさせるときにも積極的に発言するFCチェーンもあります。ここでは自分たちの理念を共有できるか何度も精査して、ようやく加盟店を決めるのです。

店舗型のFCチェーンの場合、地域がかぶって食い合わないように、商圏が違うところへ出店すると定めているところがほとんどです。

一方、ハウスクリーニングのような訪問型のサービス事業では、繁忙期に注文が重なると同地区内の仲間の加盟店に応援を頼むこともあります。基本的には一人で開業することが多いので、大きな物件や納期が重なったときには協力体制を作っておくことが必要です。

オーナー同士が仲のいい本部では、

「こうやったらうまくいった」

「こういうことには気をつけたほうがいい」

などと、**経営・営業で成功事例の情報交換ができます**。これは近いエリアの中で、地元の特性や生きた情報を共有しながら店作りができ、大きなメットとなります。

一般に、オーナーたちは本部スタッフの言うことよりも他店のオーナーの言うことのほうがよく聞きます。現場を知っているもの同士、**横のつながりを大切にする企業風土は、FCオーナーにとって心強い**ものとなります。

なかには加盟店同士の横のつながりを嫌う本部もあります。加盟店が団結して本部に要求してくると、一軒一軒に対応するよりずっと大きな力になるからです。

本部の方針にしっかりついてくるオーナーばかりではなく、何か問題があるともの申す人たちも少なくありません。そんな人たちがユニオンのように団結したら、それだけで面倒だと考える本部もいるわけです。

少し前、コンビニチェーンと一部加盟店の間で、「廃棄ロス訴訟」が起こされて話題になりました。これも加盟店が本部のやり方に異議を唱えた一例です。言い分は立場によって違いますが、**加盟店と本部両者の関係が良好**でいることは、本部を選ぶうえで重要なポイントとなります。

マイナスの情報も見せてくれるか

加盟するにあたり、**あまりにいいことばかり言ってくる担当者は信用しないほうがいい**でしょう。良い点悪い点、両方をできる限り開示して、選択の材料を提供してくれる本部なら、これから先も信頼すべきビジネスパートナーとなれるはずです。

実はこれは、本部にとっても大切なことです。

もしも、そのＦＣオーナーがいいことばかりを信じて加盟し、現実は違うとなったとき、結局、本部との関係がこじれて売上も上がらなくなれば、本部にとっても不利益だからです。

それよりも、良い面悪い面を吟味したうえで加盟を決めてくれたオーナーなら、本部との信頼関係も築かれ、一緒にチェーンを支えていく仲間となれるでしょう。

そういうことを考えず、目先の加盟実績を追い求める担当者がいる本部は、おそらく目先の売上にしか目がいかず、加盟後のサポートも行き届かないのではないかと想像できます。

では、**マイナスの情報とはどのようなもの**でしょうか。

たとえば、加盟店の解約数、売上下位店舗の情報、その店舗で売上が伸びない理由などを聞いてみるといいでしょう。

加盟店が独立した経営体であることを考えれば、本部とはいえ勝手に数字を社外に出すことができないという理由で、開示を断られることもあるでしょう。その場合も、店舗名は伏せて数字を見せてもらえないか確認します。

注意しなくてはならないのは、ここで開示されたマイナスの情報そのものに、さほどとらわれなくてもいいということです。なぜなら、個人事業は社長しだいで売上が上がりも下がりもするからです。

トップクラスの売上を見せられて、

「これだけ売上が上がります」

というのを信じないほうがいいのと同じで、下位クラスの売上を見て、

「これだけしか売れないか」

などと思う必要はないのです。

本部によって出せる情報、出せない情報があるのは当然のことです。それよりも大切なのは、**こちらの質問にいかに誠実に答えてくれようとするか、本部の姿勢を見る**ことです。

なぜなら、それがその先の本部と加盟店の関係に引き継がれるからです。

❖加盟店訪問で気をつけること

本部によっては、加盟店を紹介してくれるところもあります。つまり、**加盟オーナーから直接話を聞いて、判断材料にしてくださいということ**です。

しかし実は、これは本部にとっても先輩加盟店オーナーにとっても、案外気の進まないことである場合があります。

まず、前提としてオーナーは本部の従業員ではありません。時間と手間をとって加盟希望者と話をするように強制することはできないのです。

また、オープンエリア制のチェーンの場合、オーナーにとって加盟希望者はライバルになる可能性もあります。もしかしたら近隣エリアに同じチェーン店ができて、利益を食い合うことになるかもしれないのです。

そうでなくても、自分の話を聞いたことで、高い加盟金を払って加盟したり加盟をやめたり、人生の大きな決断を左右することになるのです。見ず知らずの他人としては、あまりにも責任が重いと負担に感じるかもしれません。

そういった前提を踏まえたうえで、訪問先加盟店を紹介してくれた本部は、オーナーとの関係性は悪くないと考えられます。

少なくともそのオーナーのことを信頼しているはずです。売上もそのチェーン店の中で上位を占めている優良店舗であることがほとんどです。

したがって、そこだけを見て決めるのは危険かもしれません。

できれば、**うまくいっている店もいってない店も訪問して話を聞くのがベスト**ですが、なかなかそうはいかないでしょう。可能であれば複数店をあたってみて、聞いた話を総合して判断してみることをお勧めします。

当然のことですが、勝手に押しかけて、相手の都合を考えずに話を聞こうとするのはタブーです。あなたの迷惑な行いについてオーナーから本部に話がいけば、いい結果にはなりません。

業態によって、オーナー同士の関係性はまったく違ってきます。**紹介してもらえない場合には、その理由を率直に聞いてみる**といいでしょう。

業態や企業文化、経営者の考え方、オーナー個人の人間性などがからんでくる複雑な問題なので、あくまでも参考意見として聞いてくる程度に押さえれば十分です。

❖チェック項目

以下は、実際に私がフランチャイズビジネスへの参入を考えるクライアントに対して使っているチェック項目です。説明を参照しながら活用してください。

(1)本部情報・ビジネスモデルについて

□事業内容・事業年数

企業を見るときの基本情報です。

本部が経験しているのが1年や2年ではノウハウが積み上がっていません。**最低3年は経験値がほしい**ところです。

□FC店舗数の伸び率（3カ年）

店舗数がどのくらい伸びているか。この数字は、**最低3年は経緯を見る必要があります。**

数字を見て、伸び率の低いところにはいくつかの理由が考えられます。

まず、撤退も加盟も少なく、ほとんど増減がない場合。これは、募集していても応募がないのか、既存の加盟店に力を入れていて加盟店開発に重点を置いていないのか。いずれにしても、伸びていないというのは業種としてあまりいいとは言えません。

次に、加盟店舗と撤退店舗がニアイコールの場合。こちらも入れるだけ入れて、その後のサポートがない、強引な加盟店勧誘とその後のトラブル多発など、あまりいい材料はないと見ていいでしょう。

この数字が芳しくない場合、どういう理由で伸びていないのか、率直に話してくれるかどうか、本部の姿勢を見る材料になります。

この数字は本来、**本部としては極力開示したくない情報**です。だからこそ、聞いてみて率直に話してくれるなら、そこは評価できます。

□直営店の売上数値は伸びているか

ＦＣ本部の直営店と言えば、本部事業所が自分のノウハウを結集して全力で作っている店舗です。そこの結果を見れば、この事業の実力がわかると考えられます。

直営店の数字が下がっているのに、加盟店の数字が上がっているとは考えにくいでしょう。売上が下がっていることに対して、本部側から効果的な対策が施されていないことを意味します。

そういう意味でも**本部の実力を計ることができる数字**と言えます。

この数字も、うまくいってない本部としては、できれば表に出したくないものです。言えば見せてくれるでしょうが、見せられるところと見せられないところはあるかもしれません。

注意しておきたいのは、直営店の売上数値が下がっている業態は、ビジネス自体が陳腐化している可能性があります。その業態での開業を考えている人は、もう一度、参入業態を検討し直してみましょう。

□本部の売上の成長率

基本的には本部とフランチャイジーは連動しているはずです。加盟店が成功していると本部も活気づき、さらに加盟店が増え、本部の売上も増えていくという好循環が生まれます。

逆に本体がなくなるとあとあと大変なのは加盟店です。それを考えれば本部が一定の成長をし続けていることが大切なのです。

これを判断するためには、**3カ年分の貸借対照表を見ます**。設備投資などがあって凹んでいるなら納得できます。しかし、なかには加盟金目的で加盟店を募り、開業させるのが目的というところもあります。

フランチャイズ本部のチェック項目

1　本部情報・ビジネスモデルについて

□事業内容・事業年数　□ＦＣ店舗数の伸び率（３カ年）
□直営店の売上数値は伸びているか
□本部の売上の成長率　□法定開示書の有無
□ＪＦＡ開示自主基準を確認する

2　本部の対応について

□本部の経営理念に共感できるか　□本部社長もしくは責任者との相性
□資料請求後、何日で到着したか

3　実績について

□直営店と加盟店の実績差があるか　□加盟店の実績データ（平均）
□収益シミュレーションの根拠は何か

4　開業に関する費用・条件について

□初期費用の回収期間（平均）　□単月黒字化するまでの期間（平均）

5　サポートについて

□資金調達の相談に乗ることができるか
□スーパーパイザーの訪問頻度　□スーパーバイザー１名当たりの担当加盟店数
□他のオーナーとのつながり、イベント頻度　□加盟店撤退率

6　オーナー面談時

□既存のオーナーを紹介してくれるか　□特定の儲かっているオーナーではないか
□苦労したポイント　□この本部を選んでよかったところ、悪かったところ

□法定開示書の有無

加盟を検討するにあたり、じっくりチェックして見極めたいのが、法定開示書面と呼ばれる文書です。

フランチャイズ契約においては、中小小売商業振興法および独占禁止法に基づく情報の開示に関し、特定連鎖化事業（小売・飲食のFCチェーン）について、チェーンに加盟しようとする方に対して事前に書面で開示し、説明することを義務づけています（一般社団法人　日本フランチャイズチェーン協会（ＪＦＡ）Ｗｅｂサイトより「法定開示書面について」）。

法定開示書面の記載事項は、本部事業者の住所・従業員数・役員の氏名、資本金、主要株主など、基本的な企業情報をはじめ、直近3事業年度の貸借対照表、損益計算書、加盟店舗の推移、直近5事業年度のフランチャイズ契約に関する訴訟件数など、契約するための判断材料となる情報が書かれています。

加盟する本部を決める前に、ぜひともしっかり目を通し、**不明な点は納得がいくまで説明を求める**ようにします。

法定開示書の開示義務は、小売業と飲食業が対象になっていて、サービス業については義務づけられてはいません。

そのため、サービス業のＦＣ本部によっては決まった書面で情報開示をしていないところもあります。しかし、しっかり体制の整った本部では、法定開示書面かこれに準ずるものが用意されているところがほとんどです。

□ＪＦＡ開示自主基準を確認する

トラブルの未然防止と、フランチャイズ・システムの信頼性向上および発展のため、「中小小売商業振興法」「同施行規則」に定められている開示事項および公正取引委員会の「フランチャイズ・システムに関する独占禁止法上の考え方について」を踏まえた上でＪＦＡが定めた開示基準です（１５２・１５３ページ）。

(2) 本部の対応について

□本部の経営理念に共感できるか

本部の理念、ビジョン、ミッション、価値観は本部の方向性を示しています。そこに共感できない人は、高い確率でいずれ本部との間でトラブルを起こすことになります。価値観の合わない相手をビジネスパートナーとしても、長く続くはずがないからです。

目　　　次

項　目	頁数	法（中小小売商業振興法）及び規制（中小小売商業振興法施行規則）	公正取引委員会ガイドライン
フランチャイズ契約のご案内			
○○○○への加盟を希望される方へ			
第Ⅰ部　○○○○社と□□□□システムについて 1．我が社の経営理念			
2．本部の概要 社名・所在地・資本金・設立・事業内容・他に行っている事業の種類・事業の開始・主要株主・主要取引銀行・従業員数・本部の子会社の名称及び事業の種類・所属団体・沿革等		規則第 10 条第 2 号 〃　第 10 条第 5 号 〃　第 10 条第 1 号 〃　第 10 条第 3 号	
3．会社組織図			
4．役員一覧		規則第 10 条第 1 号	
5．直近３事業年度の貸借対照表および損益計算書		規則第 10 条第 4 号	
6．売上・出店状況（直近４事業年度加盟店数の推移）		規則第 10 条第 6 号，11 条第 6 号イ	
7．加盟者の店舗に関する事項 ・直近３事業年度の各事業年度内に新規に営業を開始した加盟者の店舗数 ・直近３事業年度の各事業年度内に解除された契約に係る店舗数 ・直近３事業年度の各事業年度内に更新された契約に係る加盟者の店舗数及び更新されなかった契約に係る加盟者の店舗数		規則第 11 条第 6 号ロ 〃　第 11 条第 6 号ハ 〃　第 11 条第 6 号ニ	
8．訴訟件数		規則第 10 条第 7 号	
第Ⅱ部　フランチャイズ契約の要点 1．契約者の名称等			
2．売上・収益予測についての説明			2-(2)-イ， 2-(3)-①
3．加盟に際しお支払いいただく金銭に関する事項 ①　金銭の額または算出方法、 ②　性質、 ③　お支払いいただく時期、 ④　お支払いいただく方法、 ⑤　当該金銭の返還の有無及び条件		法 11 条 1 号，規則 11 条 1 号イ～ホ	2-(2)-ア③
4．オープンアカウント等の送金		規則第 10 条第 13 号	3-(1)-イ②
5．オープンアカウント等の与信利率		規則第 10 条第 14 号・15 号	2-(2)-ア⑤

項　目	頁数	法（中小小売商業振興法）及び規制（中小小売商業振興法施行規則）	公正取引委員会ガイドライン
6．加盟者に対する商品の販売条件に関する事項 ①　加盟者に販売又はあっせんする商品の種類、 ②　商品等の供給条件、 ③　配送日・時間・回数に関する事項、 ④　仕入先の推奨制度、⑤　発注方法、 ⑥　売買代金の決済方法、⑦　返品、 ⑧　在庫管理等、⑨　販売方法、 ⑩　商品の販売価格について、 ⑪　許認可を要する商品の販売について		法11条2号，規則11条2号イ、ロ	2-(2)-ア① 3-(1)-ア 3-(3)
7．経営の指導に関する事項		法11条3号，規則11条3号イ～ハ	2-(2)-ア②
8．使用させる商標・商号・その他の表示に関する事項		法11条4号，規則11条4号イ、ロ	
9．契約期間、契約の更新および契約解除に関する事項 ①　契約期間、 ②　契約の更新の条件および手続き、 ③　契約解除の要件および手続き、 ④　契約解除によって生じる損害賠償の額又は算出方法等		法11条5号，規則11条5号イ～ニ	2-(2)-ア⑦イ 2-(3)-④ 3-(1)-イ④
10．加盟者が定期的に支払う金銭に関する事項 ①　金銭の額又は算出方法、 ②　その他徴収する金銭があれば記入		規則第10条12号，11条7号イ～ニ	2-(2)-ア④
11．店舗の営業時間・営業日・休業日		規則第10条第8号	
12．テリトリー権の有無		規則第10条第9号	2-(2)-ア⑧
13．競業禁止義務の有無		規則第10条第10号	3-(1)-ア
14．守秘義務の有無		規則第10条第11号	
15．店舗の構造と内外装についての特別義務		規則第10条第16号	
16．契約違反をした場合の違約金、その他の義務に関する事項など		規則第10条第17号	
17．事業活動上の損失に対する補償の有無の内容等			2-(2)-ア⑥
後記1．「フランチャイズ契約締結のためのチェックリスト」 説明確認書			
後記2．中小企業庁パンフレット			
後記3．中小小売商業振興法、中小小売商業振興法施行規則			
後記4．フランチャイズ・システムに関する独占禁止法上の考え方について			

もちろん、その理念は実情とかけ離れた単なるきれいごとの場合もあります。社員の間に浸透しているか、しっかりとたしかめてください。たとえば、毎日の唱和ができているか、理念を浸透させる術《すべ》を持っているかなどです。

立ち戻るべき原点を社員が共有している会社は強いのです。

□本部社長もしくは責任者との相性

人間だから相性はあります。どんなに優れた経営者、有能なスーパーバイザーであっても、自分にとってはどうしても合わないという人はいます。

加盟後につくスーパーバイザーについては、社会で働く以上、なんとか妥協できるラインを決めて、あとは自分が力をつけて相手に一目置かれる存在になることで対処するのが最も前向きな対処法でしょう。

しかし、**社長と価値観が合わない、人間性が信頼できないと考えた場合には、その本部は避けたほうがいい**でしょう。

たとえば、義理人情的なところで筋が通っていない、本部のことばかり気にしている、社会的な責任やベネフィットを考えられないなど、これから先ずっとつきあうのには難しいマイナス要素に気づいたら、やめておいたほうがいいと思います。お金や自分の利益ばかりに執着する社長のところには、必ず同じような人種が集まります。

こういうものは、説明会やセミナーでちょっと話したくらいでは、なかなか見抜けないかもしれません。最終的には自分の嗅覚を信じるしかありません。

私ができるアドバイスは、

「厚化粧の社長はやめておけ」

ということです。どんな素顔かは見えなくても化粧が厚いことはわかります。その厚化粧の下に素晴らしい素顔が隠されているなどということは、めったにありません。

□資料請求後、何日で到着したか

さまざまな本部からいくつかに絞り込んだら、先ほど紹介したようなFCの比較サイトなどから加盟資料を請求します。本部との最初のコンタクトです。このときの加盟店開発担当者の対応に注意してください。

資料がすぐに送られてきたら、加盟店開発に対する強い本気度がうかがえます。なんとしてもうちと加盟店契約をしてほしいと考えていれば、すぐに動くはずです。

また、このときの対応からその本部の社風、会社力も透けて見えてきます。つまり、**会社としての基本ができているかどうか**、というところです。

電話の問い合わせには3コール以内で対応する。資料を請求したら翌日には届く。そんな社会人として当たり前の対応でも、実際にはできている会社とできていない会社に分かれます。

入り口の段階でルーズなら、その後の対応も間違いなくルーズです。本部の社員教育のレベルがその程度だからです。

逆に、最初から対応の早い本部は、窓口がスーパーバイザーに代わっても多くの場合、気持ちよく対応してくれます。

オーナーが何か質問したとき、すぐに調べて返事がくる。要望を伝えたときに即座に対応してくれる。気持ちの良いサポートをしてくれる本部なら、加盟店も安心して運営に専念できます。

⑶実績について

□直営店と加盟店の実績差があるか

直営店では売上を伸ばしているのに、加盟店では実績が上がっていない本部があります。これはどういうことでしょう。

まず前提として、直営のノウハウと加盟店のノウハウは違います。そのフランチャイザーは、自分のビジネスとして成功はしたものの、FCパッケージがまだ構築できていないという理由が考えられます。

教育・訓練のプログラムが未熟だったり、商品やサービス自体の再現性を高められていない場合もあります。

しかし、これは必ずしも本部ばかりが悪いとは限りません。いくら素晴らしいマニュアルを提供しても、加盟店オーナーがそのとおりに実行しなければ実績は上がらないからです。自分でダイエットはできるけど、友達に無理矢理ダイエットさせることはできないようなもので、結局はオーナーがその気になって頑張らなくては成果は上がりません。

この実績差があまりにも大きい場合、**直接本部に聞いてみましょう**。直営店と加盟店の差が大きい要因とともに、この差について本部がどう考えているかがわかります。

□加盟店の実績データ（平均）

加盟店の売上や収支について、さらに詳しく見てみましょう。**業態によっては季節変動があったり、時期的な落ち込みが大きいものもあります**。

このデータには開示義務はありませんが、だいたいどのくらいか聞いておくことをお勧めします。加盟して実際に営業を始めてから、事前のイメージと実績の乖離《かいり》が大きくて慌てることもあるからです。

□収益シミュレーションの根拠は何か

収益シミュレーションとは、**この事業でのモデル売上**を言います。

開業して半年くらいでこのくらい、1年後、2年後はこうなりますというような数字の根拠は何かを必ず聞いてみましょう。

よく聞いてみると、直営店の売上をそのまま出したり、いいところだけ出したり、ひどいところになると架空のものさえあるのです。

収益シミュレーションの根拠がはっきりしていなければ、開店後の目論見が立ちません。この数字を信じて加盟して、根本的なところが違っていたら、資金計画も根本から崩れることになるので注意が必要です。

(4)開業に関する費用・条件について

□初期費用の回収期間（平均）

初期費用の回収期間とは、最初はこれだけかかるという費用の一覧です。

備品やツール、消耗品など、それについて既存のオーナーはどのくらいで回収しているかを表しています。

一般的には**3年くらいで回収できなければ、事業としては難しい**と言えます。

3年もすれば、時代はガラリと変わります。3年前を考えてみてください。「今でしょ！」「お・も・て・な・し」など、流行語大賞を取った言葉はすでに死語になっています。「アベノミクス」は景気への期待をこめて語られていました。

目まぐるしく移り変わる時代の中、マーケットの変化も、制度の改変も起きうるのが3年という時間なのです。マーケットのトレンドから外れたら、初期費用を回収する前にそのビジネスは終わります。

過去の加盟店がどれくらいで初期費用の回収ができたかを考えると、最長で3年と見てください。マーケットが変わる確率が大きい飲食などは特に頭に置いておきたい目安です。

□単月黒字化するまでの期間（平均）

その事業をスタートしてから、単月で黒字になるまでの期間です。**通常半年以内での黒字化を目指します**。独立起業したばかりの経営者にとって、この黒字化までの時期は最も苦しい期間と言えるでしょう。

一定の収益力がなければ、コストばかりでペイがありません。いくら社会的に必要なモデルでも続けることはできないのです。お金の苦労は経営者についてまわりますが、売上が収入にまわるまでの苦しい期間がどのくらい続くのか、一定の目安として先行加盟店の平均を見ておく必要があります。

この期間があまり長いようなら、出店は考え直すべきでしょう。

フランチャイズに加盟する人は1店舗目が成功したら2店舗目、3店舗目と、同じ業態で展開する人が多いのですが、単月黒字化までの期間が長引けば、とても多店舗展開は望めません。

このような理由から、特にメガフランチャイジーと呼ばれる多店舗オーナーの多くは、**3ヶ月以内の黒字化が見込めなければ、その事業に参入しない**と明言しています。

(5)サポートについて

□資金調達の相談に乗ることができるか

加盟希望者にとって、最初のハードルは資金集めです。

財務面で強い本部は、日本政策金融公庫や地方公共団体の融資窓口、信用保証協会の保証付き融資等、資金調達のためのさまざまな窓口を紹介したり、事業計画書、資金計画書、収益計画書などを作る際に相談に乗るなど、**資金力の乏しい加盟希望者が有利に資金調達**

をするためのサポートを行います。

□スーパーバイザーの訪問頻度

ＦＣ加盟店には、月に一、二度から週に一、二度の頻度で本部のスーパーバイザーが訪れて、問題点の洗い出しをしたり、相談を受けたりします。

なかには３ヶ月に一回くらいしか訪問せず、電話やメールでのサポートで十分だと考えている本部もあります。

この頻度に注目するのは、本部と加盟店との関係性がどの程度、密であるかを見定める目安になるからです。

もちろん、本部のサポートの体制は業態によって変わってきます。コンビニ、飲食のように現地に行って一緒に現場に入らなければならないような業態もあれば、無店舗営業で行うサービス業のように、定期的に勉強会を行い、あとは電話でサポートしていけばよいものもあります。

スーパーバイザーが直接来店しなくても、別の形で本部と加盟店をつないでいれば問題ありません。こういう本部では、あとあと加盟店のサポートを手厚くしなくてもいいように、マニュアルや研修プログラムがしっかり組まれています。そのため、加盟店からもそれほど不満が出てこないようです。

スーパーバイザーの訪問頻度だけで判断するのは難しいかもしれません。しかし、**頻度が極端に少ない場合には、その理由を尋ねてみるべき**でしょう。

訪問頻度が少ない理由はいくつか考えられます。大雑把に言えば、①必要ない、②人がいない、③興味がない、のどれかにあてはまります。

①で納得のいく理由が返ってきたなら問題はありません。しかし、②のように本部機能に不備があったり、③のように加盟金だけ受け取って、あとは放置気味のフランチャイザーもありますから注意が必要です。

□スーパーバイザー1名当たりの担当加盟店数

1人のスーパーバイザーが何軒の加盟店を抱えているか。当然、たくさん抱えれば一軒ごとにかける時間も労力も減っていきます。関係性も薄まっていくことでしょう。しかし、一概に少なければいいということではないのです。

スーパーバイザーの人件費は売上から出てきます。つまり、一店舗あたりの負担額が大きいことになるわけです。では、1人につきどのくらいの加盟店を受け持つのが適当なのでしょうか。

これは、スーパーバイザーの役割にもよります。毎週行かないといけない業態なのか、指標があってそこだけ確認したらいいだけなのか、システムがしっかりしているから必要ないのか。これも率直に聞くしかないことです。

「何軒担当されていますか？」

「30です」

「それは本部としては適正だと考えますか？　それとも、将来的には増やしていくお考えですか」

「適正だと思います」

「その根拠はなんですか？」

本部も経緯があって、その人数にしているのです。**なぜそうなったのか、突っ込んで聞いてみて、その質問に真摯に答えてくれるところなら安心**です。

つまり、この質問のポイントは、1人のスーパーバイザーが担当する加盟店の適正数に近いかどうかを確かめるのではなく、どんな理由でその数にいたり、どのような体制でスーパーバイザーが機能しているかを確かめるためのものです。

□他のオーナーとのつながり、イベント頻度

オーナー会、加盟店会など、フランチャイジー同士のつながりは、新規オーナーにとってはさまざまな面で助けになり、心強いものです。

しかし実は、オーナー同士のつながりを歓迎していない本部も多いのです。加盟店が団結して本部に対してさまざまな要求をしてくる圧力団体になりかねないという危惧があるからです。

とは言え、**成功しているオーナーと接する機会は重要**で、そのおかげで売上が上がり、ひいては本部の利益にもなるはずです。圧力団体的にならないように、本部がコントロールしていけるかどうかがポイントです。

実際、集団訴訟したり、すぐに訴えるぞと言ってくるようなオーナーも中にはいます。もっと本部をよくしていこうと考えているオーナーと、足を引っ張ろうというオーナーがいるのです。そういう意味で、浄化作用を期待できるのもまた、オーナーの横のつながりなのです。

いずれにしても、加盟希望者から見ると、成功者の成功体験を身近に見聞きできるオーナー会はありがたいものです。本部とオーナーとの関係を探るためにも、この質問はぜひ投げかけてみてください。

□加盟店撤退率

業態によって大きく数字が変わるもののひとつに、加盟店撤退率があります。

これは考えてみれば当然のことですが、無店舗ビジネスは参入しやすいけれど撤退もしやすいので、安易に入ってきて、少し技術を覚えたらフランチャイズの看板を下ろして個人事業として独立する人もいます。FC加盟は抜け、これまでのつながりを生かして下請けとしてやっている人もいます。

無店舗のサービス業は、一般的にそういうことがしやすい業態だということを考慮して、撤退率の数字を見る必要があります。

一方、飲食・小売のような「箱物」ビジネスは開業するのに資本もかかり、撤退もしにくくなっています。一度始めたら不動産契約や本部との契約もあって、3年、5年はやめられません。こうしたビジネスでは年間5パーセント程度の撤退率にとどまっている本部もあります。

塾などの教育産業での撤退率はさらに低く、年間2~3パーセント程度です。生徒がついているため、無責任に撤退するわけにはいかないという事情もあります。

個々の業態の事情を考えると、どのくらいの撤退率なら安心なのか、という質問に答えるのは難しいのですが、通常、**撤退率が2割を切っていると、日本フランチャイズチェーン協会の正会員になれる**という目安はあります。

あまりにも高い撤退率であるなら、その理由は尋ねるべきでしょう。

⑹オーナー面談時

□既存のオーナーを紹介してくれるか

本部を訪ねていって加盟についての説明を受けるとき、先行の加盟店オーナーを紹介してくれないか頼んでみましょう。

実は、先ほど申し上げたように本部によっては紹介できないと断られるケースもあります。

理由はさまざまですが、まずオーナーはその本部企業の従業員ではありません。本部の頼みを聞く義理もなく、オープンエリアの場合にはライバル店を増やすことになる場合さえあるのです。

さらにオーナーにしてみれば、もし自分のところで話を聞いてそれをきっかけに加盟するようなことになっても、そこから先の責任を負うことはできないのです。他人の人生の決断に関わるのは、少々重すぎると感じる人もいるはずです。

本部とオーナーの関係があまりうまくいっていないから紹介できないという場合もあります。売上が上がっているオーナーもいれば、そうでもないオーナーもいます。

オーナー同士の関係性も、業態によって変わってきます。

本部の姿勢を見極めることと、**紹介してもらえない場合にはその理由を確認**してみてください。オーナーが嫌がっているのか、本部が面倒くさいのか、オーナーと本部の関係がよくないのか。

いずれにせよ大切なのは、加盟店希望者の訪問は、自分にとっては必要なことであっても、オーナーにとっては決して大歓迎のものではないということを肝に銘じておきましょう。

□特定の儲かっているオーナーではないか

本部から紹介してもらった既存加盟店は、このFCチェーンの中でどのくらいの位置にいる人なのかを確認しましょう。それによって話の内容も違ってきます。

本部を経由すれば、おそらく売上も本部との関係も、ある程度うまくいっているオーナーを紹介してくれるはずです。いい話ばかり耳に入ってくるかもしれません。

その人は儲かっているけど、自分の売上や収入を保証されるわけではないということはしっかり覚えておいてください。

それでも私は、オーナーには会ったほうがいいと思っています。

最後のスイッチを押すのは自分なのです。そこにいたるまで、悔いの残らないようにありとあらゆるチャンネルを通して判断材料をそろえ、ちゃんと考えたいなら会いにいきましょう。

理想を言えば、**うまくいっている人、いっていない人の両方からの話を聞けたらいい**のですが、なかなかそうもいかないかもしれません。

□苦労したポイント

どんな起業でも、実際に踏み出してみると予想外のことが次々と起こってきます。特に異業種から入ってきた人にとっては、その業種についても、経営者としての立場についてもまったく未経験だったわけです。そういう人の生きた体験談は、これからこのフランチャイズに加盟しようと思う人にとっては**重要な情報になる**はずです。

面と向かっての聞き取りだからこそふれることのできる、忌憚《きたん》のない話を聞き出してみましょう。

ただし、迷惑をかけるような振る舞いは厳に慎んでください。貴重な時間を割いて話を聞かせてくれる先輩オーナーに対し、図々しい態度で向き合うことは、そのまま紹介してくれた本部の顔をつぶすことにもなります。

□この本部を選んでよかったところ、悪かったところ

最後に、時間を作って話してくれた先輩オーナーに感謝の意を伝えつつ、この本部を選んでよかったこと、悪かったことを聞いてみましょう。

自分が選んだ道をわざわざ悪く言う人はあまりいないので、だいたいよかったことは話してくれるはずです。

こんな聞き方をしてみてはどうでしょう。

「**あなたが私の立場だったら、この本部を選んでいますか？**」

もしかしたら、思わぬホンネを聞くことができるかもしれません。

第5章

成功するフランチャイジーはこうしている

❖「脱サラ後、しばらくのんびりしたい」がダメな理由

独立開業したら、**とにかく早い時期に黒字を出す**に越したことはありません。

オーナーの中には、背水の陣を敷いて起業に乗り出して、スタートから全力で売上向上に専念し、３ヶ月ほどで結果を出す人もいます。できるだけ早く自分の生活費が出るくらいにはしたいと考え、無我夢中で働くのです。

一方で、しばらくはゆっくりして、1年くらいかけて黒字にすればいいと言う人もいます。退職金があるうちは、資金的にも余裕があるからいいという考え方です。長年サラリーマンをしていると、しばらくはひと息つきたいという気持ちはわかります。

しかし、ひと息ついたらおしまいなのです。1年後くらいで黒字になればいいとのんびり構えて起業した人は、たいてい2、3年かかります。その2、3年後、資金も底をつきかけてお尻に火がついたときに慌てだしても、たいていの場合は手遅れなのです。

スタートダッシュをうまく乗り切り、ある程度の数字を上げた時点で多少ゆっくりするのはいいでしょう。それでも、そこで完全に気を抜けば、すぐにピンチが訪れます。

そもそもサラリーマンと独立開業では、後者のほうが圧倒的に厳しいのです。立ち上げ

時などは息つく間もなく働きづめで、ようやく軌道に乗せることができるかどうか、というところです。その時期に**骨身を惜しんで働く覚悟は絶対に必要**です。

もちろん、焦《あせ》りすぎてダメになることはあります。しかし、それは必死で働いたからダメになったのではなく、必死さが見当違いだったか、しっかりと資金計画を作らずに気持ちばかり焦った結果であることがほとんどです。

私が早い時期の黒字化を進めるのは、なにより起業に不安を募らせていたご家族を安心させるためでもあります。

いくら応援していても、月末にお金の入ってこない生活が半年も続けば、

「どうなってるの？」

と不安になるのは目に見えています。反対していてもお金が入ってくれば、

「よかったね」

ということになります。

「しばらくはのんびりしたい」

と言うクライアントに対し、私はまずこう言います。

「とにかく、ご家族を安心させるために結果を出しましょうよ」

脱サラしたら、とりあえずひと息つこうなどという気持ちはこの際捨てて、起業を志し

たモチベーションを大切に、スタートで勝負を賭けてください。

❖開業1年以内に黒字を目指す

フランチャイズ本部もまた、別の理由からできるだけ早い時期に単月黒字転換を目指しています。

フランチャイズ本部には4つパッケージが必要であることはすでにお伝えしました。

①加盟店を開発するためのノウハウ

②研修で素人をそこそこ使える人にするためのノウハウ

③開業の立ち上げのノウハウ

④継続して売上を上げさせるノウハウ

ちなみに、加盟店が言うことを聞くのは3番目までです。ここまでは加盟店オーナーも素直です。これ以降はだんだん言うことを聞かなくなってくる……というのが、本部スタッフを経験した私の実感です。

そうなると、本部にとって理想的な、つまり自分たちのアドバイスに耳を傾け、二人三脚で売上を伸ばしていくことができるようなオーナーを育てるためには、まず2番目、3

番目のノウハウが最も大切になってくるのです。

2番目の研修でしっかりできるオーナーに育て、3番目の開業支援で黒字化のノウハウを伝えます。その結果、**開業後できるだけ早く単月黒字を実現する**のです。ここまで持ってくるのが、本部にとっても絶対的な勝ちパターンということになります。

ここを逃すと、

「なんだ、高い加盟金払って本部の言うことを聞いてやってきたけど、全然うまくいかないじゃないか」

ということになります。黒字化が遅れれば遅れるほど、うまくいかないという経験が積み重なって、ますます関係は悪化していく。本部の提示するマニュアルやサポートを守らず、好き勝手なことをやりはじめ、ますます利益が上がらなくなる。そんな悪循環に陥ります。

本部にとっても早い時期の黒字化が必要な理由は、ここにあります。

❖本部との二人三脚でタスクをこなす

FCビジネスに参入するオーナーの中には、勤めていた頃の癖が抜けず、依存心が強く、なにかと本部に責任を転嫁しようとする人がいます。

特に少しうまくいかないと、すぐに本部にねじ込んで、

「高いロイヤリティを払っているのに全然売上は上がらないし、本部は何もしてくれない」

などとクレームをつけるオーナーは、自分のビジネスの可能性を自らつぶしているのです。スーパーバイザーも人間です。いくら加盟店をサポートするのが役割とは言え、**文句ばかり言ってくるオーナーに親身になってアドバイスをしたり、情報を与えたいとは思わない**でしょう。

クレームを入れるのではなく、店舗経営者として困ったことやわからないことがあれば、積極的に質問をするなど、良好なコミュニケーションを取るようにします。

前に私が働いていたハウスクリーニングチェーンの本部では、スーパーバイザーがオーナーと一緒に経営計画を作り、利益目標を立てていました。

「まずは3ヶ月で30万円を目指しましょう。その後、半年で60万円を目指しましょう」

というように、加盟店が目指すべき数字を示し、同時にそのために何をしたらいいのか、具体的な行動計画も作りました。たとえば、

「その数字を達成するためには、不動産屋さんを一日10件まわりましょう。ポスティング

成功するフランチャイジーになるポイント

☑ 「しばらくのんびりしたい…」はNG

→スタートで勝負を賭けて、家族を安心させる

☑ 開業後1年以内に黒字を目指す

→黒字化が遅れるほど、本部との関係が悪化する

☑ 本部から示されたタスク（活動目標）は実行する

→成功するための経験値を持つ本部の助言を信じる

☑ スーパーバイザーを自分の味方にする

→本部との風通しをよくしておくこと

☑ 成功率は行動量に比例する

→与えられたノルマの2倍、
3倍をこなす気持ちを持つ

☑ 撤退ラインを決めておく

→夢だけを追うのではなく、
「最悪の事態」も想定しておく

は一日1000枚まきましょう」

などのように基礎活動を提示されます。

サラリーマン時代なら、これは上司からの指示ですが、独立起業した時点で、こういう目標設定も日々の活動も、すべて自分の店舗の売上を上げるためにどうしたらいいのか、経験値を持つ本部からの助言です。

「よし！　これからは自分の動いたぶん全部自分に戻ってくるんだ。頑張ろう」

そうやる気を起こして課題をしっかりこなすオーナーなら、本部のスーパーバイザーも全力でフォローするはずです。オーナーは経営と営業に専念し、本部はしっかりフォローアップに努める、**理想的な二人三脚の関係が成立**します。

ところが、依存心の強いオーナーの中には会社勤め時代と同じように捉えて、

「えー、そんなにやらないとダメなの？」

「結局、本部はお金だけ取ってお客も集めてくれない。動くのは自分ってことか」

などと不満に思う人もいます。

ここで、すでに成功するかどうかの岐路に立っているわけです。

❖本部の役割・加盟店の仕事

ＦＣ加盟店オーナーになり、順調に収益を上げるためには本部のサポートが必要不可欠です。

本部は、加盟店が自分でできないことを後方支援してくれます。そうして加盟店は、現場でできることに専念する体制が整うのです。両者がうまく噛み合って車の両輪のように機能したとき、この加盟店は成功に向けて走り出します。

ただし、**経営の主体はあくまで加盟店オーナーです。本部は、オーナーの店舗経営を補佐する役割**だということを肝に銘じておいてください。

ここでもう一度、本部の仕事と加盟店の仕事についてまとめてみましょう。

□本部の仕事

- 担当スーパーバイザーが毎月来店し、現状を確認、経営・営業のアドバイスを行う
- 各加盟店舗をまわる中で集めた現場のニーズ、成功事例、失敗事例、問題点、対処法などの収集・分類・分析を行う

・マーケティングを行い、結果を開発やサポートに利用する
・競合店のリサーチ、対策提供
・業界の最新情報を常にキャッチし、随時加盟店に情報提供する
・勉強会、研修会を開催する
・すべての情報を蓄積・共有し、ＦＣチェーンのノウハウとして改善を重ねる
・情報に基づき新たな商品開発を行う
・ＦＣチェーン全体で大規模にコマーシャル、チラシ制作、Ｗｅｂサイト構築などセールスプロモーションを行う
・スケールメリットを生かした仕入れ
・ネームバリューと潤沢な広告費で、有利に人材募集広告
・ノウハウに基づいた人材教育、訓練

□加盟店の仕事

・本部が提供するマニュアルに即して、売上を上げるための営業努力をする
・本部スーパーバイザーに経営、営業の報告をし、ニーズや問題点を上げる
・成功事例・失敗事例が出た場合は提供する

- 本部に対して、必要に応じて対処法の相談をする
- 勉強会、研修会などに参加して現場の力を磨く
- 本部から提供されたマニュアルを完遂して、さらに成果を上げるために現場に即した調整をする
- 新商品やサービス、新しいノウハウについて現場からの反応をフィードバックする
- 自店舗の特性に合わせた広告展開を工夫する
- 必要な資材・原料の仕入れを本部に依頼する
- 応募した人材を採用し、本部の教育プログラムを利用して育成する

❖大切な本部とのコミュニケーション

本部との関わりの中でも、特に要《かなめ》となるのがスーパーバイザーです。

スーパーバイザーは、フランチャイズ契約をした加盟店に、経営や営業のサポートを担当します。その事業運営に関してのプロフェッショナルとして、現場にもマネージメントにも精通しているので、ぜひとも経営の良きパートナーとして味方につけ、良好な関係を築いていきましょう。

本部に勤めていた頃、私が担当して加盟したオーナーから、
「あのスーパーバイザーは合わないから代えてくれ」
と泣きつかれたことが何度もあります。しかし、そういうことを言う人は、実は自分の能力不足を本部のせいにしているケースがほとんどでした。社長は言うまでもなく、自分が加盟した後でついた担当を代えることはできません。

結果が出るまで我慢して言うことを聞き、最終的に相性の合わない相手でも、自分の言うことには一目置かざるを得ないくらいまで力をつけてほしいと思います。

スーパーバイザー以外にも、本部にはさまざまな役割を担う担当部署があります。必要に応じて各部署とコミュニケーションを取り、本部との風通しをよくしておくといいでしょう。

たとえば研修部は、オーナー自身や店長、パート・アルバイトなど、段階に応じたスキルアップのための教育・研修を行います。立ち上げ時はもとより、規模を広げていけばいくほど、人材教育は重要になっていきます。

将来的に多店舗展開を視野に入れているのなら、店舗開発部の担当者とも話をしておくとあとあと話が早いでしょう。特に店舗型のＦＣチェーンの場合、出店に有利な物件情報や、次に加盟店を開くエリアを教えてくれることもあります。

これらの部署は、スーパーバイザーに比べると加盟店との接点は少ないので、本部主催の展示会やオーナー会などに積極的に参加してつながりを作ります。

また、規模や社風によっては、経営者が気軽に加盟店オーナーと交流するようなＦＣ本部もあります。そういう機会があるなら積極的に経営者とコンタクトを取り、経営理念や将来設計に直接触れるのも有効です。

❖早い時期に黒字転換するためには

新たに起業して自分の店舗をオープンしようとするオーナーが、意外におろそかにしがちなのが、**開業の時期を慎重に選ぶ**ことです。

業態によって違いますが、１年を通して平均した売上を上げるものと、季節や月によって大きく売上が変わってくるものがあります。後者の場合、これから売上が上がってくる時期に開業することをお勧めしています。開業して早い時期に結果が出てくれば、オーナーとしても、また本部としても安心できるからです。

たとえば私の顧問先に、障子・襖・網戸の貼り替えビジネスを展開している本部がありますが。ここなどは閑散期と繁忙期がはっきりしていて、12月の大掃除時期、３月と９月の異動期はかなり忙しくしています。

こうした業態を選んだオーナーには、注文に追われず、告知をしたり仕事に慣れたりしつつ、これから来る繁忙期に備えることのできる2月や8月に開業することをお勧めしています。

逆に、忙しさのピークの3月や9月に開業してしまった場合、準備不足でいきなり大忙しの中に飛び込むことになります。

結果を出しやすい時期を選ぶのは、**スタートダッシュに乗って早めに結果を出し、その後の勢いをつける意味でもとても大切**なことなのです。

しかし、オーナーによっては、前職の退社時期やその他個人的な事情で、どうしても不利な時期にしか開業できないケースもあります。

起業の成功には、人・金・マーケットと、さまざまな要素が絡んできます。その全部が完璧にそろうのを待っていたら、おそらく一生開業はできないでしょう。たとえ時期が悪くても踏み切るタイミングが来たら、迷わず開業したほうがいいのです。

その場合は、今が下りの時期であることを十分にわかったうえで、結果を出す時期を少し先に設定します。そうすることで、いたずらに焦ったり追い詰められたりしないで、上りエスカレーターに乗り換える時期を待つことができるのです。

❖成功は行動量

「フランチャイズ業界でこれだけいろんな成功・失敗を見てきた川上さんが、もしFCビジネスをスタートさせるとしたら、どんなことをしますか？」

と聞かれたら、私はこう答えます。

「何をするにしても、本部が言われたことを3倍の量やります」

なぜなら、私は**FCビジネスの成功率は、行動量に比例する**と考えています。その行動も、自分で勝手に考えて実行することではなく、**言われたことをノルマとして与えられた量よりも多くやる**のです。

たとえば本部が、

「この期間に何枚チラシをまいてください」

と言ってきたら、それを2倍、3倍やるのがいちばん結果につながりやすいのです。

再三お伝えしてきたとおり、FC本部はこれまで成功してきたビジネスモデルを構築して、現在のマニュアルを作り上げてきたのです。つまり、これからビジネスに参入しても成功する確率が最も高いノウハウです。

加盟金やロイヤリティと引き替えに提供されるノウハウを無視して自分のやり方でやろうとするのは、まったく意味のないことではないでしょうか。

もちろん、自分が実際に現場で店舗経営していく中で、実情と違うことは違うと言う勇気も必要です。けれども、成功事例を積み重ねてきた本部の言うことは、自分を失敗させようと思って言うことではないのです。

まずは**素直に耳を傾け、言われたことを行動量で上回るように実行してみる**ことです。

❖あなたはPull型？　Push型？　営業力を最大限に生かすには

再三書いてきたように、起業を成功させるには、売上を上げなくては始まりません。そうお伝えすると、

「でも私はサラリーマン時代に営業が苦手で、全然成績を上げることができませんでした」

と急に心細げに尻込みする人がいます。

そんなときにイメージするのは、一軒一軒ドアを叩いて家々をまわる訪問販売や、しらみつぶしに地域の事業所を訪れる飛び込み営業などでしょう。

これはいわゆる「**Push型」の営業**です。非常に押しの強い、買ってもらうためにあらゆる方向から攻めて契約をもぎ取っていくような営業手法のことです。一般的に営業の典型のように思われていて、実際多くの会社で行われているスタイルですが、実はよほどメンタルが強い人でないと難しいのです。

これに対して「**Pull型」営業**というのは、相手が「買わせてください」と言ってくるような道をつける営業です。

たとえば、集客にチラシを配ったり、Webサイトを使ったりするなど、まず発信してそれに引っかかってきた人にサービスを提供する形の業態です。営業というより、どちらかというとマーケティングに近いかもしれません。

同じ営業といっても、スタイルが違えば発揮できる能力もまったく違ってきます。

成功しているフランチャイジーがみんな口八丁手八丁の、どんなことをしてでも契約をもぎ取ってくるようなタイプであるとは限りません。

要は、**自分に合ったスタイルで売上を上げるやり方を見つけられた人が強い**ということなのです。

2店舗目を持つときの落とし穴

フランチャイズ起業をして、少しずつ利益を上げるようになり、ビジネスが軌道に乗ってくると、

「そろそろ2店舗目を考えようか」

という気持ちがわき上がってくるかもしれません。1店舗目がうまくいっていることから経営者としての自信も生まれ、資金的にも余裕が出てくれば、当然の流れでしょう。

ここで多角経営を目指して、別の業態、別の本部を探そうと考えるオーナーもいますが、私としては**同一本部の下での横展開を強くお勧めします**。前章でお話ししたとおり、本部の理念に共鳴して、ここのフランチャイザーを選んだ以上、あちこち目移りして手を広げるより、1店目で自ら体感した成功事例を生かして2店舗目の成功を目指したほうが、ずっと確実だからです。

そのうえで、2店目を出店する際、**最も大きな問題となるのが「人の問題」**です。

従業員に関しては、経営者にとって常に頭の痛い問題です。特に最近のように「ブラックバイト問題」が社会的にも大きく取り上げられるようになると、本部が一括して求人を

出すようなFCチェーンでも、ひとたびよくないニュースが流れれば、とたんに人材が集まらなくなります。

しかし、2店舗目からの人事問題はそれだけではありません。

店の立ち上げではゼロから一の作業がたくさんあります。そして、これができるのはほとんどの場合オーナーしかいないのです。そのため2店目を立ち上げるときは、オーナーがゼロから一をやってから、あとは従業員を店長としてまかせるか、店長と一緒に立ち上げを行い、その後をまかせるかになります。その過程で、**オーナーのマネジメント能力が大きく問われる**ことになります。

この問題は経営が順調に進み、3店舗目、4店舗目とフランチャイジーとして規模を広げていくにしたがって、ますます注意すべき問題としてオーナーにのしかかってくるのです。

これを避けるためには、**人材育成の研修がしっかりしている本部を選ぶ**必要があります。立ち上げのマニュアルには、当然、人材教育のノウハウも含まれています。そのための研修制度が整っているところもあります。

また、2軒目以降を成功させているオーナーほど、再現性を重要なポイントと位置づけています。誰がやっても同質の運営がすぐにできるまでに再現性が整っていれば、オーナーに代わって従業員が店舗を守っていことができるからです。

これらのポイントを、最初に本部を選ぶ段階でしっかり見極めてください。それによって2店目以降の正否は7割方決まってしまうのです。

❖メガフランチャイジーを目指すなら

FCビジネスでの成功パターンのひとつに、メガフランチャイジーになるという到達点があります。

メガフランチャイジーとは、前述しましたが次のように定義づけられます。

- 複数社のFC本部と契約して、多数の店舗を経営しているFC加盟企業
- 複数のフランチャイズに加盟し、年商20億円以上を上げているオーナー
- 店舗数で30店舗以上を展開するフランチャイジー

最近では、多角的にFCビジネスを展開するメガフランチャイジー企業として、株式上場するオーナーも現れています。FCビジネスを志す人の中には、このような経営者としての成功を思い描く人も多いと思います。

彼らはどのようにしてメガフランチャイジーの地位を手にしたのでしょうか。

多くのメガフランチャイジーは、**自らの成功を、最初の起業で出会ったFC本部との出会いのおかげだと言います**。それほどまでに1店舗目は重要で、そこに大きく関わっているのが本部選びであるということです。

メガフランチャイジーとして成功しているオーナーは、本部を選ぶ基準がはっきりしています。特に本部自体のステージと単月黒字までの期間については、一般のフランチャイズ希望者に比べて、よりシビアな基準を持っているオーナーが多いようです。

あるメガフランチャイズオーナーは、当初から**本部を選ぶときには加盟店が100店舗以上と決めている**と言われていたというのは第4章でも紹介しましたが、これには2つ理由があげられます。

ひとつには、100店舗に満たない本部には、チェーン展開するのに必要な成功事例がまだ構築されていないという考えからです。もうひとつは、アーリーステージの本部では開業後のサポート体制が整っていないことが多いという理由です。

また、通常は半年程度を見ている単月黒字化までの期間を、このオーナーは3ヶ月と設定されていました。横展開を行ううえで必ず必要な条件との考えからだということです。

このようにメガフランチャイジーを目指すなら、最初の本部選びをよりシビアに行うことは必須条件となります。

そしてもうひとつ、私が知っているメガフランチャイジーの多くは、**現場がなによりも好き**だと言います。どれだけ多店舗を多角的に経営するようになっても、常に現場に入り、その中から問題点も改善点も拾い上げ、継続的に経営にフィードバックしていく姿勢を見ていると、利益を上げることはもちろんですが、ビジネス自体が好きだということが伝わってきます。

❖撤退ラインを決めておく

私の知っているメガフランチャイジーで、せっかく立ち上げた新規事業を1週間のプレオープン期間中に撤退させた人がいました。

最初の立ち上げ資金に数千万円近くかけたにもかかわらず、利益が見込まれないと見るやすぐに引き上げてしまったのです。そしてすぐに次の事業を立ち上げ、それは成功させています。

このオーナーは、多業種にわたってＦＣビジネスを成功させています。もともとの経営センスとともに、数多くの成功事例を自ら作り上げてきた結果、見極めも早かったのでしょう。

これは極端な例ですが、成功しているフランチャイジーは、**きっちりとした撤退ラインをあらかじめ決めています**。あとあと垂れ流す赤字を考えると、今切ったほうがいいという判断を下すことは重要です。

ＦＣビジネスは、成功の確率を確実に上げてくれます。それでも、**残念ながらうまくいかないことはあります**。そんなとき、これまでかけてきた時間や労力や資金に固執せず、いち早く潮目を読んで次の手を打てるようにしておくことは、成功する経営者にとって必要不可欠な能力です。

撤退ラインを見極めなくてはならない事態になったとき、それはある意味、経営者として試されているときと言えるでしょう。

❖ちょっと儲かったときの落とし穴

経営者として独立すると、ある種の人たちはそこを到達点と錯覚することがあります。「これで自分は一国一城の主、社長だ！」と舞い上がってしまう人。ＦＣオーナーにもよく見かけます。

まず、絶対に手を出してはいけないのは**「飲む・打つ・買う」**。**この三つは絶対に避け**

てください。

私がハウスクリーニングのフランチャイズ本部に入社して1、2年目の頃、加盟店開発部で担当したあるオーナーの話です。基本的に加盟した後は別の担当がついて、つながりは終わるのですが噂は入ってきます。

「あの人、うまくいってるよ」

「そうなんだ、よかったね」

それがしばらくしたら、

「あの人、最近けっこう飲みに行ってるらしいよ」

という話になりました。大丈夫かなと思っていたら、

「最近あの人、売上が落ちてきたね」

となってきました。それでも、飲みに行く量は変わらないのでしょう。そうこうしているうちに話にものぼらなくなってしまいました。

もちろん本部は加盟店とともに成功を目指して売上を上げるため、最善の努力をします。さまざまな面からサポートもアドバイスもします。

それでも、**自分を管理するのはオーナー自身**なのです。

今から考えれば、うまくいっているといっても、それほどたいした金額ではなかったの

だと思います。しかし、その人から見たらたいした金額だったのです。

それまでサラリーマン時代の手取りは、多くても30万、40万円くらいだったはずです。それが独立して少しうまくいき始めた時期には、50万、60万円ほど入ってくるようになります。それだけでも少し成功した気分になるのでしょう。ちょっと余裕があるような錯覚を起こします。

夜の街に行けば、

「社長、今度いつ来るの？」

とおだてられます。すると、自分に酔ってしまうのでしょう。

私とつきあいのある開業間際のオーナーにもときどきいます。

「俺、社長だから飯、おごるよ」

と言うのです。そんなときには、

「お前はまだ社長じゃない！」

と叱るようにしています。ここで気が大きくなって、いいことはひとつもありません。

成功するフランチャイジーは、**出ていくお金にもしっかり目を配る**ものです。その1000円、1万円がどれだけの苦労の結果であるか、常に自覚しているからです。

第6章

先輩フランチャイジーに聞く、出店から成功までの道筋

体験談1

異業種から50代後半のスタートで、体を動かす幸せを実感

——襖・障子・網戸の張り替えチェーンオーナー／Kさん（60歳・関東）

金融業からまったく畑違いの分野へ

襖・障子・網戸の張り替えのFCチェーンに加盟して、もうすぐ2年になります。

私がFCビジネスを考えたのは、一言で言えば、別のことをしたかったから。大学卒業以来、金融業界一筋で働いてきました。ところが、リーマンショックで勤め先が事業縮小を余儀なくされ、最終的に私が部門長をしていた部署も統廃合されることになったのです。

一生懸命やってきた部門がなくなるのは寂しいもので、当時は自分の人生をまるごと否定されたような気持ちになりました。50代も半ばを過ぎ、また同じような業種に勤めても先は知れている。それなら、**手に職をつけてやろう**と考えたのです。

そうすれば、リストラや社内での立ち位置で頭を悩まさなくても、体が続く限り生涯現役。そういう仕事はないかなと探し始めて、川上さんにお会いしたわけです。

自己分析をしながらこれまでのキャリアから始めて、自分は何が得意で、何をしたいのか、自分自身の棚卸しをしてみました。

学生時代に英語が好きだったことが外資系の金融業でも役に立ち、それで35年勤めてきたのですが、あらためて掘り下げてみると、いちばん好きだったのは図工とか技術家庭科だったのです。手先を動かしたり、図面を考えたりするのが得意だったのです。そこで、**自分で手を動かす仕事に行き着きました**。

フランチャイズの業界でも、技術的な仕事はいろいろあります。

川上さんから業界の話を伺ったり、実際にFC展示会に何回か出かけて、30社ほどのブースをまわったりしました。その中で好感触だった本部7、8社を実際に訪問して話を聞いてみました。そうして4ヶ月ほどで徐々に絞っていき、最終的に現在、加盟しているチェーンに決めたのです。

決定にあたっては、5つのポイントがありました。

ひとつめは、**シニア対象の業態**であることです。団塊の世代、昭和22年から24年生まれの人があと5年ぐらいで70歳代になるので、日本の人口構成でも市場が拡大する唯一のところですね。

2つめが、**ニッチ**ということです。大手が参入しにくい。これも非常に大事だと思います。大手が参入すると価格競争が起こります。しかし、こうした労働集約産業には、大手はなかなか参入しにくいと考えました。

3つめが、**ある程度の技術力と営業力が必要**であること。技術力も営業力も必要なく、誰でもすぐできるような業態では、競合先がどんどん増えていくからです。

4つめは、**小資本**です。飲食店チェーンなどのように1000万円、2000万円と出して失敗すれば、年齢的に考えても痛手が大きすぎます。自分が用意できる資金と、これから先のことをよく考え、無理のない資金で開業できることが重要でした。

5つめは、**地道**なこと。安定的で地道な労働集約産業というのが、私にとっては魅力でした。

独立起業にあたって**妻の理解は必要不可欠**でした。

「かくかくしかじかで、襖や障子の張り替えビジネスというのに、ちょっと目をつけてやろうと思っているんだけど、どうだろう?」

そう言われれば、最初はビックリしますよね。

「え?　金融機関からいきなりですか?」

転職を考えたときに10人中9人は、これまでのキャリアと関係があったり、技術を生かせたりする仕事を選ぶでしょうから、「どうして？」という妻の思いは理解できます。

そこで1時間ほどじっくり話をし、一緒に本部まで社長に会いに行って話を聞きました。その結果、彼女も「理念と熱意がすごいわね」ということで、一緒にやっていくことに同意してくれました。

研修も一緒に受けました。その研修には夫婦で来ている方が、ほかにも2組いました。現在、妻は襖の枠を外したり、障子を洗ったり、網戸を張るなどの仕事を担当していま す。網戸はほとんど妻の担当です。

立地選びが大切

私が独立に際して準備したお金の話をします。

もともと金融機関に勤めていたので、経営計画、収支計画は最初からしっかり作りました。うちの本部は、当時加盟金が１８０万円＋消費税。それに、車や道具類で60～70万円ぐらいかかります。

横浜のマンションの1階に店舗を見つけ、ここの家賃が月に10万円。入居時には10ヶ月分必要でした。それと駐車場代が月1万円。

そのほか、新聞の折込チラシなどの広告費が月20~25万円。これは、絶対かけなくてはならない必要経費です。

実は本部から示された初期投資モデルでは、この広告費は10万円とされていました。でも、私はここをケチってはダメだと考えていました。川上さんには「ちょっとコストが高すぎるね」と言われましたが……。

初期のランニングコストは3ヶ月分を見ておきました。念のためにオープンから3ヶ月間、まったく売上が上がらなくても大丈夫なように考えました。以上を合わせて、**トータルで500万円ぐらい**用意しました。

結果的には、すぐに利益が上がり、用意したランニングコストは使わずにすみました。**立地がよかったのが、開業後すぐに利益を上げられた大きな要因**だと思います。

ただ、物件探しはかなり苦労しました。自宅で営業できれば家賃はゼロですが、営業エリアと自宅エリアが離れているし、自宅は天井が低くて作業に向いていません。なにより、お客様は近所の業者に頼むほうが安心感があるはずです。やはり営業エリアに事務所が必要だと考えました

しかし、このエリアは家賃がかなり高く、なかなか予算に見合った物件が見つかりません。妻と一緒に2週間ほどかけて20軒ぐらいまわりました。

いろいろあたるなかに、たまたまマンションの1階の築20年の物件を見つけました。10坪33平米、天井も2メートル70センチと十分な高さがあり、これなら縦長の網戸や襖を持ってきても大丈夫です。

地元でこのマンションと言えば、誰でも「ああ、あの場所ね」とわかってもらえることで、信用度も少し増す効果がありました。

技術は現場で磨く

開業時期は9月に決めました。

この業態は、10月から年末にかけての3ヶ月間が年間のピーク期にあたります。もし10月に開業すると、いきなり繁忙期からのスタートで、お客様にも迷惑をかけることになります。逆に7月あたりの閑散期に向かう時期にオープンすると、最初から数字が上がってこないので、起業直後の勢いに乗ることができず、不安な出だしになりがちです。

それらを考え合わせ、9月にオープンして、少し現場に慣れた状態から繁忙期を迎えようという戦略でした。実際、この時期に量をこなすことが大事だと思いました。**量をこなさないと技術の進歩もありません**し、失敗も経験のひとつと考えました。

1に営業、2に営業、3・4がなくて5に営業。技術は後からついてくるというのが、この時期を乗り越えて得た私のモットーです。

開業にあたり心配だったのは、もう若くはない自分が、繁忙期の忙しさに対応できるのだろうかという点。そんな不安に対して川上さんがおっしゃったのは、「今がいちばん体力があるのだから、今できるだけやりましょう」。

「そうか、そうかもしれない」と思い、あらためて今頑張らねばと気持ちを引き締めました。

開業前には4日間の研修がありました。3日間が襖・障子・網戸の技術研修、最後の1日が営業研修でした。

今にして思えば、この研修は自動車教習所と一緒なのだと思います。

たとえば、自動車教習所で中をぐるぐるまわったりしても、なかなか外の運転はうまくいきません。駐車してある車をどうやってよけていこうかとか、右折はどうしようとか。そんなのは外に出て行って、やらなきゃいけないわけですから。

ところが、加盟店の私たちは教習を終了したら、翌日からいきなり雪の箱根の山道をスノータイヤつけて走り始めるわけです。なので、スリップしたりするのは仕方ないのです。ちょっと車を傷つけるぐらいはいいと思います。人身事故さえ起こさなければ……。

たとえばスタート直後は、まだ経験もないので当然クレームがきます。

「張ってもらった障子、しわがあるんだけど」

そういうときには、すぐ対応するのです。

「わかりました、すぐ行きますから」

もう一度持って帰ってきて、すぐ直してあげたら、逆にそのクレームが信用力になるのです。「あ、すぐ来てくれた」と。

それで半年後ぐらいに、同じ方から襖や畳の注文が入ってきます。だから、**お客さんのクレームというのはいちばんの勝負どころ**です。そこできちんと対応すれば次につながるし、放置すれば本部にまで電話をいただくことになるかもしれません。

技術的なことは、最初の研修をベースに、あとは現場で学びながら、少しずつ向上していって今にいたります。

従事した年数・年期がものを言うのが職人の世界です。たとえば、屏風や掛け軸は表具師の範疇《はんちゅう》で、徒弟10年という世界です。

しかし、襖・障子・網戸の張り替えなら、そこまで技術を追求する必要はないので、3年ぐらいでひととおりできるようになると思います。

自分でできないものは、専門的な職人仕事をしている業者に外注する場合もあります。

ですから、本部のスーパーバイザーのほかに、**日頃からエリア内で専門業者とつながって**

おくことが大切です。そして、経験したことのないような物件が入ってきたときは、外注という形でお願いします。

畳屋さん、大工さん、建具屋さん、塗装屋さん、それからクロス屋さん。これらはそれぞれ1人か2人、エリア内で開拓しました。自分でできない仕事を受けたときには、目星をつけた業者に飛び込みで出かけ、近くに車を停めて、15分か20分くらい様子を見ます。なかなか良い仕事ぶりだと思えたら、声をかけさせてもらうのです。

この時点ですでに仕事を受けているので、それをお土産に持って「畳6帖の表替えがあるんです」と言えば商談成立です。

逆に、こちらが受ける場合もあります。私は下請けは滅多にしませんが、お世話になっている畳屋さんから、「襖もやってって言われたけど、忙しくてできないからお願いします」と言われたら、お手伝いすることもあります。

営業が売上に直結

オープンして繁忙期に入ってからの売上は順調でした。9月は40万円でしたが、10月には135万円，11月が100万円で、12月には160万円にのぼりした。

２ヶ月目で１００万円以上の売上げを上げ、年末まで好調だった時点で、注文を調整することにしました。具体的には、「一定の金額以下のものは受けない」「ある程度件数をセーブする」という調整です。

スタート当初は、「網戸１枚！　はい、ありがとうございます」と、なんでもお受けしていました。もちろん、網戸１枚でその後も注文をいただくこともあります。しかし、それは確率的にはかなり低いのです。

そういう場合には「たいへん恐縮ですけど、時間が空きましたらお伺いします」とか、「２週間先になるかもしれません」という形で、日延べさせていただき、その間に大量注文のほうをこなし、時間が空いたときに少量注文のお宅にうかがうことにしました。

こうした**ペース配分をある程度つかんでいかないと、少人数でまわしている自営業はいずれ立ち行かなくなる**と思います。

２年経った現在、注文１件あたりの平均単価は５万円ほどです。ただし、いちばん多い中位層は３万円。上が20万とか30万円というのがあって平均を引き上げています。そのクラスが月に１件とか２件あって、売上を維持しています。

売上を季節要因で見ると、２月と８月はやはりガタッと落ちます。いわゆるニッパチです。２月は網戸の季節ではないし、襖・障子を外すと寒いために避けられます。８月は逆に冷房がきかなくなるため、やはり避けられます。

そこで、2月と8月は2週間ぐらいずつ冬休み・夏休みを取るようにしています。この期間は、だいたい海外旅行に行きます。今年の2月はスペインに10日間、その前の8月は台湾、その前が7日間ほどローマに行きました。

私にとっては、個人のオーナーとして仕事をして、冬と夏、定期的に2週間ぐらいの休暇があって、**それで生活していけるっていうのは、まさに理想**ですね。

体が動く限り現場で

今後の展開について考えると、今すぐに規模を拡大することは考えていません。

たとえば従業員を雇うと、固定給で最低月に20万円はかかります。そうすると、年間利益を250万円くらい増加させる必要があります。小さな事業所でこれはけっこう大変なことです。

今、平均で月125万円ぐらい売り上げていることを考えれば、月200万円を上げるのは、十分可能だと思っています。いままでも12月の繁忙期には200万円近くいきます。

ただし人を1人入れて、売上がどれだけ上がるかを考えると、単純に倍になるわけではありません。こういう労働集約産業は、労働時間に応じて売上が上がっていきます。忙しいときには徹夜することもあります。でも、こんな働き方を従業員にさせることはできません。

そこで、これからの展開を考えるとしたら、自分が現場に張りついて身体を動かす業態ではなく、別の業態に横展開していくのなら可能でしょう。

逆に言うと、**この仕事は身体を動かす覚悟ができている人にとっては、かなり手堅くできる**のです。

この仕事が軌道に乗って以来、私の1日のサイクルは、だいたい決まっています。午前中は9時半と11時の2件、見積もりや引き取りにうかがいます。それから2時と4時に納品。だいたい1日4件というのがパターンです。

そして、5時からは職人仕事が始まります。日中は営業、5時からは職人。その日のうちに店を出て帰路につくことを目標に作業します。

こんなふうにお話しすると、ハードだと思われるかもしれません。でも、精神的には非常に楽です。

サラリーマンを35年くらいしていて、余計な会議がいかに多かったか、あらためて思い起こされます。打ち合わせと称して、1日に2つ3つの会議が平気である生活。自分に直接関係なくても1時間、2時間とただ座っているだけの時間を過ごす苦痛。

そんな会社員時代と比べると、会議がない、上司がいない、そして、休みたいときに休める。それだけで、**どんなに忙しくても体力的に厳しくても、少しもつらいとは思いません**。

これから先、襖・障子・網戸の張り替えビジネスがどうなっていくかと考えれば、確かに和風建築が減ってくるのに伴って、売上が減少するのではないかという心配もあるかもしれません。しかし、私はそのあたりは心配していません。

むしろ和室の良さが見直され、新しく建築する住宅やマンションでも、必ず一部屋は和室を作る傾向にあります。需要がなくなることは考えられません。

それよりも今のところ、たまの徹夜も含めて仕事がとても楽しいので、体力的に続けば、ずっと現場で仕事をしていきたいですね。

体験談2

飲食店のサラリーマンから心機一転、本部の成長とともに歩んできた

——ハウスクリーニングチェーンオーナー／Tさん（41歳・関西）

勤め人には向いていなかった

もともと居酒屋チェーン店に社員として勤めていた私が、ハウスクリーニングのフランチャイズに加盟した直接のきっかけは、部長とケンカしたことでした。

しかしその前から、**独立開業についてはずっと考えていました。**

12年間、サラリーマンとして仕事をしていく中で、自分は性格的に勤め人は無理だということに気づいたのです。そして、その気持ちは年々強くなってきました。

まずなにより、人の言うことを聞かないし、自分の意見を曲げない。ダメだと言われたことでも、自分がいいと思えば、やってみて失敗しなければ納得できないのです。

組織で自分の意見が通らないことなどしょっちゅうです。通す力がない自分が悪いのはわかっているのですが、若いうちは組織の中で力など持てるはずもありません。サラリー

マンに順応できる普通の人なら、ここでしばらく我慢して、自分に力がつくのを待つのでしょうが、私にはそれができなかったのです。

30歳を過ぎるあたりで、勤めていれば誰もが一度は、これからの会社員人生を考えるでしょう。このままでいいのだろうか。ずっと飲食の仕事をしていけるのだろうか……。

そんなときに離婚をして、まだ小さい子供を自分が引き取りました。両親の助けを借りながら、それまでどおりの生活を半年は続けましたが、やがて限界がきました。せめて子供の顔を見られる生活をしたい、昼間の仕事に変わりたいと思いました。

仕事に身が入らない状態で部長とケンカして、「辞めるなら今しかない！」と、あとさきを考えずに辞表をたたきつけたのです。

知名度のメリット

会社を辞めて、しばらくブラブラしていたとき、たまたまチラシを見て「ハウスクリーニングの仕事もいいかもしれない。一度話を聞きに行ってみようか」と訪ねていったのが、この業界に入るきっかけでした。

先輩オーナーの「年収１５００万円」という言葉に反応したというのもあります。そして詳しく話を聞いてみて、「そうか、こういう道もあるのか」と思って加盟を決めたわけです。11年前のことです。

家族には、ものすごく怒られました。先を決めずに会社を辞めて、名前も聞いたことのないハウスクリーニングのフランチャイズチェーンへの加盟を決めてくるなんて「大丈夫なの？」と、さんざん言われました。

その評価が変わったのが7年ほど前、ここのチェーンが有名なタレントを使って全国的にテレビコマーシャル展開を始めてからです。やはり認知度というのは大きいですね。

母親などは「あんたの会社、いい会社らしいね」と、コロッと態度を変えて応援してくれるようになりました。でも、そんなものですよね。名前も知らない会社よりは、テレビでよく聞く会社のほうが安心ですから。**高い知名度はフランチャイズチェーンのメリット**でもあります。

知名度のメリットは家族の理解だけでなく、営業面でも大きかったですね。

私たちの仕事は、面識のない一般家庭のお宅の、平日主婦が一人でいるところに上がり込んで行うものです。なので、単に安いからということで業者を選んだりはされないのです。抜群の知名度を持ち、当時業界第1位だった競合他社とうちを比較検討されたとき、どうしても勝てないことが多かったのです。仕事を始めた当初はとても苦労しました。

ところが、テレビＣＭが全国で流れるようになって知名度が上がってからは、受注率が違ってきました。それに加えて、ホームセキュリティ会社とも提携するようになって、そこからの紹介の仕事が増えたことも、うちのチェーン全体の印象を引き上げるのに一役買ってくれました。なにしろセキュリティ会社のお墨付きということですから。

後発のメリットは柔軟性

加盟店オーナーたちの間でも、競合社に追いつけ追い越せという空気は、ずっとありました。どのエリアの加盟店も、自分のエリアの中で必ずその競合チェーンとの闘いが発生しますから。

競合チェーンに比べると、うちは現場のオーナーにある程度権限が委譲されているのが特徴です。たとえば、メニューにはなくても現場でお客様から頼まれれば、自分の責任で受けることもあります。

お客様が喜べば、極端な話、**本部のマニュアルではしないことになっていても、できると思えばやらせていただきます**。その柔軟さが、私たちのチェーンがお客様から評価をいただいている点だと思います。

マニュアルどおりにレンジフードのお掃除をして、それだけでお客様から喜ばれるかと言えば、そんなことはないですね。ハウスクリーニングの作業を通じてコミュニケーションを取ります。そこでお客様の心が開けば、一気に話がはずむこともあります。

家のこと、掃除のことからお子様やペットの話まで、スイッチが入れば急速に距離が縮まり、そこがうまくいけばリピートにもつながるのです。

こういう仕事は、**技術とともにコミュニケーション力**ですね。それが、本部から提供されるマニュアルと技術研修だけでは絶対に足りないところです。

資金繰りの苦労が経営者を育てる

開業して最初の2、3年は資金繰りがずっと大変でした。軌道に乗るまでは前の会社の株も売りましたし、生命保険も崩しました。

勤めていたときとの違いをリアルに感じたのは、月末になってもお金が入ってこないときです。最初はびっくりしました。お金がなくなって、はじめて「はっ」とするわけです。「あ、やっぱり振り込まれないんだな」と、通帳を何回見ても振り込まれていないから、「そりゃあそうだよね」と、ようやく実感するのです。

ある程度、「まあしょうがないよね」と思えない人はつらいかもしれません。それでウツになって辞めていく人も実際にはいるようです。

しかし、誰もが最初から肝が据わっているわけではないのです。**経済的なキツさを経験して、なんとか対処できるようになって、そうしてようやく経営者マインドが育っていく**のだと思います。

開業から2年目ぐらいで、初年にお受けしたお客様からリピートが出てきて、少し楽になりました。そして3年目、4年目は毎月、損益分岐点までいくくらい売上が安定してきて、ようやくひと安心というところでした。その頃には作業も安定し、顧客がついてきて定期のハウスクリーニングが増えたりしました。

11年目の今、売上で月150～200万円ぐらいを出しています。年商でいうと2000万円弱ぐらいです。

開業当初、経営的にキツかった理由のひとつは、担当エリアの関係上、取引先に法人が多かったということもあります。

一般的な商取引でいうと、法人のほうが信用できて、個人との契約のほうが心配という感覚があるかもしれませんが、私たちのような仕事だと、個人はその場で現金払いです。だから、やった仕事が即収入になります。

ところが法人の場合は、月末払いとか、ひどいところは月末締めの90日後払いというところまであります。

ハウスクリーニングで法人契約というと、引っ越し後、新たな入居者が入る前にする掃除があります。発注元の管理会社がマンションオーナーから集金して、それがリフォーム会社に行って、そこからもう一社経由してうちに入ってくるというような、複雑な流通経路を経て支払いがあるので、入金があっても「これはいつのだろう？」と思うような仕事もあったりします。

しかも、不動産会社などの法人相手の仕事は、ほとんどが賃貸の空き室掃除なので、単価も低くなっています。

悪質な不動産会社の場合、下手をすると取りっぱぐれが出たりします。私も実際に被害にあったことがあります。ある建築会社からの仕事で、新築の11階建てマンション一棟丸ごと掃除をするという発注でした。普通なら見積もりを提出すると値切ってくるのに、その仕事は値切られなかったのです。おかしいと思っていたら、一ヶ月後に破産。その後は弁護士を通した折衝が続きました。

法人相手の仕事では、こんなことが結構あるのです。最初から払わないつもりの取引先もありますから、経営者ならこんな経験の一つや二つ、誰もがくぐってきているはずです。

うちのチェーンを利用いただいている客層は、本来アッパーミドルクラスが中心だったのですが、今はもっと広げて、どの層からも注文いただいています。そうは言っても、アッパーミドルクラスで6割ほどのコアを占めるのが理想だと考えています。

関西はエリアによって住人層がガラッと変わるので、**どこで営業するかも重要な選択になる**と思います。なにより私の仕事とは、生活圏によってまるで違うお客様がつきやすいのです。エリア制ではないので、どこでも店舗を立ち上げることはできますが、それだけによく選んで立地を決める必要がありました。

最初、私は大阪市内でオープンしたのですが、そのあたりは商業圏で、いただく注文もほとんどが法人からのお店や会社清掃の仕事でした。

そこで信頼されて、法人の方から「自宅のクリーニングをお願いしたい」と頼まれると、多くの場合が大阪北部、いわゆる北摂に住まれているのです。その頃は同時に生協の下請けでハウスクリーニングを引き受けていて、そこからの注文もやはり北摂や神戸のお客様もいました。

そこで、大阪市内から北摂に移りました。それにより現在は個人の住宅からの注文がぐっと増えました。

これからの展開を見据えて

ずっと自宅を事務所にしてきましたが、今年の5月に事務所をオープンしました。出張して先々でする仕事なので、事務所はいらないと思っていました。店舗なしで開業資金を安く抑える方針もあり、本部もあまり店を出すことを推奨していませんでした。

でも**店舗を開いてみると、やはり看板があることの信用度は大きい**と感じました。お客様から「お店はどこにあるの？」と聞かれたとき、自宅を答えるのと事務所を答えるのでは、反応も違います。

実は、**お店を出していちばん変わったのは自分自身の意識**でした。

これまでは、作業を終えて家に戻ればそのままプライベート時間でしたが、店舗に帰って机に向かうと、外を行く人もそんな自分の姿を見ているのです。お店で事務仕事をしている姿を見せることで、仕事にメリハリをつけることができるようになりました。

そんな効果が現れているのか、本部も最近では事務所を持つことを勧めているようです。加盟店の傾向を見て、本部の考え方も変わっていくのかもしれません。本部と一緒に成長している実感も、ＦＣオーナーとしてはうれしいものです。

現在、お店は妹と2人で運営していますが、ハウスクリーニングのほかにもうひとつ、同じ会社の別経営の本部に加盟しています。それはコーティングのチェーンで、ハウスクリーニングとつながりのある業態なので相乗効果があるのです。

FCビジネスのいいところは、複数の看板を掲げて仕事ができるところです。サラリーマンは掛け持ちどころか、副業禁止のところがまだまだ多いですが、FCオーナーは自分の選択でいくつもの仕事を兼ねることができます。

私の場合、新築のコーティングだけではなく、既存の住宅にも案内しています。築20年ほどの住宅にハウスクリーニングで入った際、浴槽や浴室が色あせていたら、「ここを研磨してコーティングして、もう一度ピカッとさせましょう」。床を気にされているなと思ったら、「ワックスをかけるより、コーティングのほうが10年は保ちますよ」などと提案できるのが強みです。

こうした相互作用のある異業態のFC加盟を加えていくことが、オーナーとしては堅実なやり方だと考えています。

近い将来、同じハウスキーピングの分野でもうひとつ、FC加盟を増やすことも考えています。そうした意味でも、11年目にして事務所を開いて看板を掲げたのは大きな意味があったと思います。

くじけない性格が事業を成功させた

外食チェーンのサラリーマンをやめて、独立起業という形でハウスクリーニングのＦＣオーナーになって11年。始めた当初を考えれば、今の展開には満足しています。

独立に成功した要因として自分自身のことを考えると、あまりくじけない性格がプラスに働いたのではないかと思います。「迷うんだったら、とりあえず試したらええやん」という**楽天的なところが、たくさんの失敗を乗り越えてここまで来ることができた理由**でしょう。

何か新しいことを始めるとき、メリット・デメリットを秤《はかり》にかけて、考えに考えて計画を練ってからスタートするのも大切なのかもしれません。でも、あまりに立ち止まってしまう性格では、自営は難しいかもしれません。

どちらが良いとか悪いとかではなく、会社員向きな性格と自営向きな性格があると思います。サラリーマンとしては抜群に成績がよくても、独立して数字を上げられない人は結構いるのです。逆に私のように、サラリーマン時代には怒られてばかりだった人間が、自営に転じたらうまくいくという例もたくさんあります。

もし自分がいる場所が息苦しくて、何をしても評価につながらない人は、もしかしたら自営に適性があるのかもしれません。野性味があって、お金がなくてもなんとかしてしまう。それでも生き残ってやると考える人は、ＦＣオーナーの道を考えてみるといいかもしれません。

体験談3

安定した職をあえて離れ、コンビニエンスストア経営に乗り出す
――コンビニエンスストアオーナー／Sさん（50歳・九州）

人間関係に悩んだ郵便局時代から転身

私は、もともと郵便局の配達員の仕事をしていたのですが、民営化を境にさまざまな方面から締めつけが厳しくなってきました。ノルマも課せられ、それにともない職場の上司との人間関係も悪化してきたのです。

郵便局なら倒産もないし、安定した収入も見込めて将来的にも心配ないという思いはあったのですが、それとは裏腹に、自分自身を試してみたいという気持ちも、ずっと持ち続けていました。そこで、**このまま神経をすり減らすよりは、思い切って独立開業してみようか**と思い立ったわけです。

独立を決めていろいろ情報を集める中で、フランチャイズでの独立が現実的だろうと考えるようになりました。なんと言っても事業を成功させるためのノウハウを持っているし、

経営経験のない自分には本部からのサポートがありがたく感じられたのです。

そして、数あるFC本部の中でコンビニエンスストア経営に行き着きました。決め手となったのは、まず第一に**自分でもできそうだと思えた**こと。

コンビニチェーンのFCビジネスはPOSシステムが充実していて、苦手な管理面への不安も払拭できました。なにより、自分では決してできない商品開発を強力にバックアップしてくれます。それに、他の業態に比べて本部スーパーバイザーの臨店頻度が多いことも、経営未経験の私にとっては大きな安心材料となりました。

二つめは、**開業資金の問題**です。

今、加盟している本部には、土地・建物をすべて本部側で準備してもらえるプランがありました。これなら自分の出せる範囲の初期投資で独立開業がかなうと考えたのです。

三つめは、**家族の後押しがあった**こと。

私の場合、妻と妹が手伝ってくれることになりました。コンビニエンスストア経営は、24時間365日営業です。つまり、飲食店や他のサービス業のように「一人親方」として全部を自分で運営することは物理的に不可能です。

パートやアルバイトを含めた従業員をコントロール・マネジメントしながら、営業をまわしていくことになります。そこで、自分が店を離れる時間帯をまかせられる、信頼のおける管理者がどうしても必要になってくるのです。この重要な役割を身内に頼むことができたのは、本当に助かりました。

人の管理がコンビニ経営のポイント

実際に開業すると、思いもよらなかった大変なことが次々に起こりました。たとえば、独立当初は夜勤予定の学生バイトが勤務をドタキャンして、自分が入らなくてはならないような事態も起こりました。

でも、経営者としての経験を積み重ね、本部やまわりの人からのサポートをいただくうちに、少しずつ対処の仕方をつかみ、あわてるようなことも減っていきました。

3年目に入る頃にはパートやアルバイトのスタッフも定着し、シフトコントロールをしっかり行うことで、プライベートの時間も取ることができるようになりました。

店のスタッフと良好な関係を築きながら、まかせるところはまかせられる信頼関係を打ち立ててきたことが、ここまで成果を上げられた大きな要因だと思います。

収入も前職を超え、ようやく軌道に乗ってきました。

競争の激しい業態ですが、しっかりしている本部のノウハウを基本に、アイデアと工夫を凝らしてお客様に喜んでもらえる店舗作りを進めていくのはとてもやりがいを感じます。

2年以内に2店舗目を出店することを、現在の目標としています。経営者としての力を試されるのは、これからだと思っています。

体験談4

メーカーの技術者から独立、年商3億円を実現
――学習塾オーナー／Hさん（38歳・関西）

30代で経営者になろうと思っていた

大学卒業後、20代は普通に電子部品メーカーに勤務していました。けれども、もともと独立志向は強く、30代になったら自分で何かやりたいと思っていました。

もっとも、特に何をしたいという希望はなく、ただ漠然と経営者としての成功を思い描いていたという感じです。

しかし、いざ30歳を前に独立しようと模索し始めると、なかなか思うような道が見つかりません。学生時代に少し興味のあった飲食店の経営を調べてみたり、その当時流行していたコンビニエンスストアを検討してみたりもしました。

しかし、具体的に自分が経営者としてビジネス展開するとなると、開業資金や仕事内容の点で、**なかなか合うようなものが見つかりませんでした。**

こうした試行錯誤の末、行き着いたのが学習塾業界です。もしかしたら、自分に合うのはこの業態かもしれないと思い、7、8社ほど資料を取り寄せたり、本部の担当者に話を聞きに行ったりしてみました。

そこでわかったのは、**今では学習塾もサービス業として捉えられている**こと。そして、それぞれの学習塾チェーンが個性をアピールして生き残りをかけているということでした。これは面白いと思いました。

少子化が進んだ今、本当に収入が見込めるのかという心配もありましたが、子供の数が減ったぶん、1人の子供にかける教育費は増加傾向にあり、市場全体も伸び続けていることを知りました。特に、**個別指導には将来性を感じました**。

学習塾での独立を決め、検討した本部の中で自分のフィーリングに合った1社と加盟店契約をすることにしました。そう、最終的にはフィーリングです。でも、ここなら大丈夫だという確信めいたものはありました。

直感的に選んだ本部ですが、開校後は順調に生徒が集まり、経営もすぐに軌道に乗りました。しばらくして、となりのエリアに2校目を開校しました。学習塾は口コミで人気が広がるので、隣接するエリアに次の教室、そのまた隣接するエリアに次の教室と広げていく戦略です。現在は、この学習塾チェーンを8つ経営しています。

年収が上がって得たもの

年商は3億円近くになりました。年収で言えば3000万円ほどでしょうか。メーカー勤務の頃と比べたら、ずっと大きな収入を手にするようになり、その頃に思い描いていたような経営者という夢も実現しました。

仕事としては8つの学習塾を管理運営していますが、毎日現場に顔を出す性質のものではないので、時間的な余裕もできました。

メーカー勤務時代と比べて、生活がどんなふうに変わったかと聞かれることがありますが、実はそれほど変わったことはありません。

家も同じところに住んでいますし、せいぜい車が軽から普通の国産車に変わったくらいです。変わったのは、外食が増えたこと、それも値段を気にせずに注文できるようになったこと。それと、年に何度か海外旅行に行くようになったことくらいでしょうか。

いちばん変わったとしたら、**将来に対する不安がなくなった**ことが大きいかもしれません。それもこれも、30代になったとき、初期投資を恐れずに独立開業の道を選んだところから始まったわけです。

第7章

フランチャイズ開業Q＆A
～よくある質問に答えます

❖商売の経験がまったくないのですが、ゼロから教えてもらえますか？

まったくゼロからのスタートでも、事業立ち上げに必要なノウハウや継続するノウハウを教えていくことはできます。

ただし、これは「必ず成功するノウハウ」を教えるものではありません。経営者としてのマインドをしっかり持ち、**自分の責任の下でビジネスを切り開いていく人だけが、成功へのスタートラインに立てる**と考えてください。

❖今参入したら必ず成功するビジネスを教えてください

必ず成功するビジネスはありません。厳しい言い方をすると、**FCオーナーはサラリーマンのように身分が保障されているわけではありません。**

「必ず成功させる！」という気持ちを持ってビジネスに取り組むのはあなたなのです。

フランチャイズ起業の独立開業資金はどのくらい必要ですか？

これは業種業態によって全然違います。

たとえば**飲食系の目安としては、安くても1000万円を切るくらい**でしょう。これは個人での独立開業資金でもほぼ同じくらいで、飲食で開業を目指す人はみなさんは1000万～2000万円くらいは用意しているはずです。

逆にハウスクリーニングなど、大きな機材も店舗も必要ない、当面は自分一人ですべての業務をカバーできるような業態なら、**100万～200万円**ほど用意してスタートできます。

脱サラまでの準備期間にやるべきことを教えてください

衝動にまかせて辞表を叩きつける……などという事態でない限り、ほとんどの人は会社を辞めようと決めたとき、次に何をするかだいたいの気持ちは決まっていることでしょう。

その何かは、ずっとなりたかった職業かもしれないし、社長という立場かもしれません。

いずれにしても、会社員という身分の保障された立場から、厳しい経営者の道へ歩き出す前に、はっきりとしたビジョンを持っておくことが大切です。

まずは、**自分自身の経験の棚卸し、何が得意で何が苦手なのかを検証してみましょう。**

86ページの「自己分析シート」を活用して、自分を客観的に見つめるのもいいでしょう。

❖本部の言うことを鵜呑みにしていて大丈夫でしょうか？

基本的に「本部が言っていること」というのは、**あなたに成功してもらうためのアドバイス**です。たくさんの成功事例・失敗事例を通して導き出した、その業態の成功法則なのです。

ですから、本部の言うとおりにやっていただいたほうが結果が出るのも早いし、成功する確率は高いと思います。

❖フランチャイズビジネスに参入しようか3年も迷っています

3年の間、迷うだけで次のステップに進めないのなら、やめたほうがいいでしょうね。

独立経営者というのは、決断が仕事ですから。そんなところで迷っているんだったら、やめられたほうがいいかもしれないです。

ただ、迷う理由が何かということは掘り下げて考えるべきです。

私があるFCチェーン本舗の本部スタッフとして働いていたとき、FC契約をしようかやめようかの決断は、説明したあと、2日の間に決めてもらうようにしていました。なぜなら、**3日考えても1週間考えても、結論はまず変わらない**からです。

やる人はやるし、やらない人はやらない。

本当のところ、最終的に加盟の説明をして、

「2日後にご連絡します。そのときにお返事をください」

と送り出した人が、2日後にやると言うかどうかは、だいたいその時点でわかりました。

覚悟を決めた人は、その瞬間に顔に表れるものです。

❖今の事業と並行してフランチャイズビジネスを経営することはできますか？

事業形態によるかもしれません。

自分が現場に出て切り盛りをしなくてはならない業態だと、今の事業が疎かになる可能

性があります。最悪共倒れになるかもしれません。**FCビジネスを安易に稼げる事業経営の方法だと考えると、痛い目を見る**ことは心に留めておいてください。

❖会社を経営しています。今の事業であまった人員・資金を使ってできますか？

今、企業を経営している人からの質問ですね。今の事業が順調で遊ばせている資金があり、余剰人員もいるので何か事業でもということでしょうか。

もちろん、あまったお金を使って事業を立ち上げることはできます。

しかし、**あまった人員で立ち上げられるほど、FCビジネスは生やさしいものではありません。**もしやるのなら、窓際にいる人ではなく、エース級を投入してください。

経営者として会社を経営する苦労もご存じかと思いますが、フランチャイズと聞くと、少し簡単に考えてしまうのかもしれません。

自分ですべて切り開いている人からしたら、さまざまな角度からサポートしてくれる本部があって、困ったら相談できるFCシステムは、ずいぶん心強いものに思えるかもしれません。そこで、FCビジネスは簡単だと考えると、大きな落とし穴があります。

今の事業と違う業態でも、遊んでいる従業員を店長に立て、そこのノウハウを借りて、そのマニュアルどおりに運営すれば、困ったときには本部がなんとかしてくれるのではないかと、**ついつい甘く考えがち**になります。

しかし、厳しい言い方をすれば、余剰人員はあまっている人材です。いろんな事情があるでしょうが、あまるということは基本的に適応できない人、仕事ができない人ということです。そういう人材が、オーナーであるあなたに代わり、独立開業者と同じステージに立って、事業を自分の使命として進めていくことができるのか。

余剰人員でと考えているのなら、まずそこを見極めてください。

❖今の事業と相互関係のあるフランチャイズビジネスはありますか？

今、ビジネスをしている方が、その業態と地続きの分野でFC展開できるか、ということですね。

はい、できます。むしろ、近いビジネスのほうがいいのではないかと思います。

たとえば、リフォーム業を営んでいる経営者が、ハウスクリーニングのフランチャイズに加盟すれば、相互に顧客のニーズを引き出して紹介し合うことができ、営業にも有利なことは間違いありません。

また、近い業態ということで、本部から貸与されるマニュアルに加えて、**これまでの経験値を生かした仕事をすることができる**でしょう。

❖私のビジネスをフランチャイズ化できますか？

この質問を私のところに持ち込む人はとても多いです。つまり、現在経営している会社の業態をフランチャイズ化して、本部をやりたいということです。

そういう方には、まず自己診断をしてもらうようにしています。さまざまな角度から質問を投げかけ、その回答によってできるかできないかを判断します。

その際、いちばん重要なポイントとなるのは、**フランチャイズ化したら直営店となる現会社の実績**です。そして投資の回収期間、単月黒字化の期間と続きます。つまり、数字が判断材料になるということです。

もうひとつ、判断材料として重要なのは、現時点で成功しているそのビジネスから、**再現性のあるビジネスモデルを作ることができるか**という点です。

社長にカリスマ性があったり、エース社員に飛び抜けた営業力があるから売上が上がっているのか、それともしっかりとした仕組みができていて、構造的に成功しているのかというところです。

前者の場合は、それをいかに「誰がやっても成果を見込める」仕組みに落とし込み、成功するビジネスモデルを作れるかを考えます。

それをクリアして、「できる」という判定が出た場合には、コンサルタントとしてFC本部の立ち上げをお手伝いさせていただきます。

❖ フランチャイズに向いているビジネスを教えてください

基本的にどういう業種でもフランチャイズ化は可能です。特に向いている、向いていないというのはないと思います。

要は、そのビジネスをいかにフランチャイズ用にモデル化できるか、**誰がやっても同質のサービスを提供できるか**です。

たとえば、インストラクター個人にファンがいるようなフィットネス関係など、属人的な要素が強い業態でも、いかにコンセプトと仕組みを前面に出して標準化できるかがポイントとなります。そこさえクリアできれば、ほとんどどんな業態でもフランチャイズ化は可能です。

とはいえ、もちろんFCビジネスは万能ではありません。

しかし、たとえば職人が握る熟練の寿司と同じクオリティの寿司を、誰にでも作れるような技術を開発すれば、フランチャイズ化に成功することでしょう。

本場インドのカレー料理は、まずインド人の料理人を連れてこなければ始まりませんが、辛さを段階別にメニュー表示して大当たりしたカレーチェーンはあります。

他者が参入していない分野で、フランチャイズ展開が可能な技術を開発すれば、フランチャイズのメリットを最大限に生かして事業拡大を成功させることができるかもしれません。

第8章

フランチャイズビジネスは、「雇われない生き方」を実現する第一歩

❖自分のための労働なら、一日14時間だって働ける

今の時代、サラリーマンでも経営者でも、みんな大変な苦労を味わいながら仕事をしています。今どき気軽で楽な働き場などありません。個人が感じる「大変な苦労」はみんな変わらないのです。

もちろん、責任の大きさや扱う数字は違うかもしれません。でも、大企業でやりがいのあるポストに就いていても、ブラック企業に勤めていても、経営者として資金繰りに駆けずりまわっていても、同じように一日14時間働いたとしたら、「大変な状況」の中にいる長さは同じです。

毎日会社で大変な思いをしながら頑張っているうちに、頑張ることが目的になっている人がいます。

狭い社内での政治、出世競争、部署の営業成績、会議で上司に叱られないため……。毎日大変な状況の中で闘っているのはなんのためなのか、見失ってしまうのです。

時間は有限です。同じ大変なら誰かのために時間を使うよりは、自分のため、家族のために使ったほうがいいのではないでしょうか。

人に使われる人生と自分の人生。

どちらを選ぶかは、一生を決める大きな分かれ道です。

❖雇われない生き方で夢をかなえる

これから先の日本では、ますますフランチャイズによる独立開業が増えていくと私は考えています。

一定の規模を持つ企業が、従業員の人生を丸抱えにして最後まで面倒を見る時代は、とうに終わりました。かといって、日本の会社の99・7パーセントを占める中小企業や自営業はいっこうに元気を取り戻す気配のないのが現状です。この時代、**誰もが働き方、ひいては生き方を見直す必要に迫られている**のです。

そんななか、力のある本部事業所が独立開業のパッケージを提供し、小さな店舗のオーナーが、それぞれの責任と才覚で経営していくFCシステムは、これからのビジネスマンの生き方に、ひとつの回答を示しているのではないでしょうか。

フランチャイズ専門の経営コンサルタントとして、多くの独立したFCオーナーを見てきました。

成功した人も失敗した人もいます。ただ、失敗した人の中には、

「それでは失敗するだろう」

と思える人も多くいます。

勤め人時代の依存心が残ったまま、何も考えずに甘い展望で経営を続けるオーナー。

うまくいかないと本部のせいにして、すぐにクレームをつけるオーナー。

なんの工夫もせず、努力さえしないオーナー。

けれども、なかには一生懸命自分の店をよくしよう、売上を上げようと努力しても、なかなか結果が出ず、そのまま体力が尽きてしまったオーナーもいるのです。

この人には成功してほしいと思えるような誠実なオーナーが、運の悪さや、ちょっとした方向性の見誤りのせいで事業をつぶすのを見るのはつらいことです。

成功が約束された商売などありません。

でも、**できるだけリスクを減らし、成功の確率を上げることは可能**です。私は後者のような人たちに、ぜひ経営者としての成功を手に入れてほしいと思うのです。

経営者として雇われない生き方を選んだあなたが小さな成功をつかめば、なによりも自分の時間を自分のために使うことができます。自由に使えるお金も増えるでしょう。働くことの喜びも手に入ります。

少し大きな成功をつかめば、お金の心配をしなくても好きなところに行けて、好きなものを買える生活が手に入ります。将来の不安からも解放されます。

もっと大きな成功をつかめば、経営者としての地位、多くの人に影響を与えるパワー、企業経営者としての尊敬、社会のために役立つ生き方などを手に入れ、自分の人生そのものの意味を、より大きなものにすることができます。

そこにいたる最初の一歩に**フランチャイズビジネスを選ぶのは、かなり賢い選択**だと思います。

❖フランチャイズコンサルタントとしての私のミッション

フランチャイズは、まだ成熟していない発展段階にある業界だと私は思っています。なかには加盟店の成功に関してあまり興味がなく、加盟金が入ってくればそれでいいという考え方の本部も、残念ながら少なくありません、

その一方で、加盟店の側でも「お金を払ったんだから成功させてくれ」というような、依存体質のオーナーが多いのも事実です。

私のミッションは、少しでも多くの本部が健全な本部機能を身につけるようにサポート

し、業界全体の成長をうながしていくことだと思っています。同時に、加盟店希望者に対しても、独立した経営者としての意識と覚悟をしっかり持ったうえで、フランチャイズ業界に参入できるよう、相談に乗っていくつもりです。

両者のまだ未熟なところを少しずつただすようにして、結果的に**フランチャイズ業界の成熟に向けてお手伝いしていくことが、この仕事の中での私の最大の目標**です。

その結果、良質な本部が増えて、良質な加盟店が増え、両者が車の両輪のように相互に働きあい、この業界がもっとよくなっていく。そんな理想を思い描き、FC業界に関わっていきます。

私が、この本の中でフランチャイズによる独立をお勧めしているのは、

「こんなに年収が上がりますよ！」

「あなたも社長になれますよ！」

「勤め人よりずっといいでしょう」

などと、独立を煽るためではありません。それよりも、フランチャイズによって起業独立を目指す人に対し、

「こういうふうにしたほうが成功する確率が高まりますよ」

と、**できるだけ正しい情報をお伝えすることが目標**です。

そのために、セミナーで加盟を考えるたくさんの人たちとお話しし、個人コンサルでさまざまなフランチャイザー、フランチャイジーと向き合い、そしてこの本を執筆しています。

社会性を求められるフランチャイズビジネス

もうひとつ私が考えているのは、**フランチャイズ経営を通じた社会貢献**の可能性です。開業する人は、だいたい当初はお金儲けを考えてFCビジネスに参入します。そして、お金儲けだけで終わる人もいます。

でも経営を続けるうちに、多くの人はお金儲け＋社会性のあるビジネスを求めるようになってきます。

実際に私も経営コンサルタントとして独立開業して今日まで、多くの企業人や独立希望者と会ってきて、そうした思いを感じ取る場面に何度も遭遇しました。

そして、自分自身のことを考えたとき、やはり社会に対し何か意味のある事業をしたいと考えるようになってきたのです。

今、わが社の子会社で、**障がい者の就労支援事業を始めました**。これは、たまたま顧問先に障がい者支援の会社があったことから始まりました。

「放課後等デイサービス」という、障がいを持つお子さんの学童保育を展開しているこの会社を立ち上げたのは障がいのある子どもを持つ親御さんで、私はそれをフランチャイズ化するお手伝いをしたのです。

その方とお話をしているうちに、障がい児を支える親御さんがいちばん心配しているのは、自分たちがいなくなった後の子どもたちの将来だと知りました。ちゃんと自立してお金を稼ぐことができるのか、その思いは切実です。

実際に今、障がい者支援センターなどに通って仕事をしても、入ってくるお金は微々たるもので、とても生活を支えることはできません。最低賃金がもらえればましという労働にはやりがいも見いだせず、なかには劣悪な環境での労働を強いられている人もいます。

そういう人たちを雇用して納税できるまでにしたい。そんな思いから、会社を立ち上げることにしたのです。

襖・障子・網戸張りの本部に加盟して、そこで障がいを持つ人たちに仕事をしてもらうというビジネスモデルです。ここで行う作業は、丁寧に単純労働に取り組む人たちにとっては特に得意分野です。これができれば、その人たちに最低賃金以上の給料を払うことができ、生活の自立も実現するでしょう。

２０２５年には団塊の世代が完全に引退して、その後の労働市場は女性・外国人・障がい者が大きな戦力となると言われています。そういう状況になったとき、早いうちに障がい者を労働力として生かすノウハウを構築しておいた企業は、圧倒的にアドバンテージを得ることになります。

つまりこの事業は、労働者にとっても経営者にとってもウィンウィン、しかも**社会的な労働力不足の解決にもなるビジネスモデル**ということです。

ＦＣチェーンとして全国に展開できれば、今、不安に思っている障がい者のお子さんを持つ親御さんにとっても、ひとつの安心材料となるでしょう。

フランチャイズ専門の経営コンサルタントとして、これまでＦＣ業界からたくさんの恵みをいただいてきました。

その成果として、自分自身もフランチャイザー、フランチャイジーとして実践力を試す時期にきているのです。それは当然、お金だけではなく、自分の培ってきた成果を社会に還元する事業でなくては意味がありません。

これだけ情報が行きわたり、良いことも悪いことも瞬時に暴露されるような時代には、搾取《さくしゅ》や一人勝ちの経営では成功は難しいのです。**みんなが喜ぶ仕組みがなければビジネスは成り立ちません。**

「雇われない生き方」を模索してFC加盟を考えている読者のみなさんにも、ぜひ、こんな時代の流れも視野に入れて、みんなが幸せになれる経営を目指していっていただきたいと願っています。

おわりに

「やったことは、失敗しても20年後には笑い話にできる。しかし、やらなかったことは20年後には後悔するだけだ」

これは、私が独立を決断するときに聞いた言葉です。

『トム・ソーヤの冒険』『ハックルベリー・フィンの冒険』などで有名な小説家マーク・トゥエインの言葉です。彼は希代の毒舌家としても知られ、辛辣《しんらつ》だけど人生の機微をとらえた、たくさんの名言を残しています。

なかでもこの言葉は、それ以降の人生でも折々に私の背中を押してくれました。

私は造船業を営む家庭で生まれ、職人仕事で生計を立てる父の背中を見ながら育ちました。学生時代にはさまざまなアルバイトで学費と生活費を稼いできました。

そんな生い立ちもあって、おそらく幼い頃から、将来は独立自営の道を選ぶと決めていたのかもしれません。

卒業と同時に、当時アルバイトでも羽振りのよかった携帯電話販売会社にそのまま就職、営業職でキャリアを積みました。その後は紆余曲折もあり、ハウスクリーニングのＦＣ

チェーンの本部に再就職してFCビジネスのいろはを学びました。

本文でも紹介しましたが、ここで忘れられない経験をしました。

ある年配の方が本部を訪れ、どうしてもうちの本部に加盟したいと言うのです。私は年齢を考慮してお断りしました。

ところがその方が再び訪れ、

「やはりここでお世話になりたい」

と言われました。

その方は、勤めていた会社で相応な地位まで出世したもののリストラで職を失い、年齢制限となまじっか役職についていたために再就職もままならず、かといって引退するにはまだ若いという状況のなか、最後に残された道としてFCオーナーを志したのです。

それでも、やはりハウスクリーニングのような肉体労働は体力的にも無理があるとお断りしたのですが、その方はなおも食い下がりました。

そこまで言われるのならと加盟していただくことになりましたが、私は半信半疑でした。

ところが、それから3年ほどたったある日、たまたま本部に立ち寄ったその方は、

「あのとき、あなたに厳しく現実を教えていただき、おかげで売上も上げることができ、自分の天職と巡り会えた思いです。本当にありがとうございます」

と泣きながらお礼を言われたのです。

その後、フランチャイズ専門の経営コンサルタントとして独立した後も、このときのことをときどき思い出します。

サラリーマンが独立起業を考えるとき、それまで枷《かせ》になっていた会社という檻《おり》から脱出して、自分自身が自分の上司になるという甘美でワクワクするような冒険が目の前に広がっていると、勇んで一歩を踏み出す人はそれほど多くはないのではないでしょうか。

もしかしたら、この方のように、やむにやまれぬ事情で背水の陣に追い込まれ、独立開業という険しい道を選ぶ人も多いのかもしれません。

ほとんどの人は、

「この選択は間違っていないだろうか」

「自分に経営の資質はあるのだろうか」

「資金を使い果たして経営が立ちゆかなくなったらどうしよう」

そう逡巡《しゅんじゅん》する心を奮い立たせて、よりよい明日のために新たな道へ歩き出すのではないでしょうか。

これまで守ってくれていた会社員という立場、毎月振り込まれる給料、週に2日の休日、社会保障……そういったものをすべて投げうって経営者の道に踏み出すあなたの勇気は、それだけで賞賛されるべきものです。

そんな勇気を少しだけ、成功のほうへ近づけてくれる仕組みがＦＣビジネスです。

この先が大変なことは間違いありません。

でも20年後に心から笑うため、フランチャイジーという生き方に、ギャンブルではなく、人生の誠実な選択肢として賭けてみてはどうでしょう。

川上 健一郎（かわかみ　けんいちろう）
1976年生まれ。大学卒業後、某営業会社を経て2001年〜2008年、某大手フランチャイズ本部にておもに加盟店開発を中心に全国の800店舗体制の責任者として活動。退職後は、通販コンサル会社を経て数社のフランチャイズ本部にて勤務をする中、フランチャイズ構築・加盟店開発、起業を支援するディライトジャパンとしての活動を開始し、現在に至る。

儲かるフランチャイズビジネスの教科書
ここが違う！　成功する人しない人

2016年6月6日　　初版第1刷発行

著　者　川上健一郎
発行者　笹田大治
発行所　株式会社興陽館
〒113-0024　東京都文京区西片1-17-8 KSビル
TEL：03-5840-7820　FAX：03-5840-7954
URL：http://www.koyokan.co.jp
振替：00100-2-82041

装　丁　福田和雄（FUKUDA DESIGN）
編集協力　株式会社友楽社
協　力　株式会社天才工場
中北久美子
鶴見知也

印刷所　koyokan.inc
ＤＴＰ　有限会社ザイン
製　本　ナショナル製本協同組合

ISBN 978-4-87723-201-6　C0034